波音公司质量管理
BOYIN GONGSI ZHILIANG GUANLI

主 编 许 泽
编 者 赵 磊　冷洪霞　李富强　谢志航
　　　 沈玉芳　刘泽勋　范 怡　于 凯
　　　 秦 荀　王子熙　王 忠

西北工业大学出版社
西安

【内容简介】 波音公司是世界上最大的航空航天企业,在全球超过150个国家和地区为各航空公司以及美国与其他国家的政府客户提供支持服务。波音公司非常重视企业质量文化建设,于20世纪80年代中期开始实施全面质量管理战略,不断探求全面质量管理方法,改进和整合全面质量管理运作方式,形成了适用于波音公司的先进质量体系。在先进质量体系实践过程中,波音公司重视供应商管理,以保证质量标准与制度的连贯与延续,同时在公司内部大力推行波多里奇卓越绩效模式,并两度摘取美国最高质量奖——马尔科姆·波多里奇国家质量奖。本书根据相关参考资料编写而成,详述了波音公司的质量文化、质量管理体系与质量管理经验,以及如何在企业内推行波多里奇准则和高层管理者对质量工作的重视等内容,可供各类企业在质量管理工作中参考、借鉴。

图书在版编目(CIP)数据

波音公司质量管理/许泽主编. — 西安:西北工业大学出版社,2018.11
ISBN 978-7-5612-6393-8

Ⅰ.①波… Ⅱ.①许… Ⅲ.①波音飞机公司—工业企业管理—质量管理 Ⅳ.①F471.265

中国版本图书馆 CIP 数据核字(2018)第 284242 号

策划编辑: 杨　军
责任编辑: 李文乾
出版发行: 西北工业大学出版社
通信地址: 西安市友谊西路 127 号　　邮编:710072
电　　话: (029) 88493844　88491757
网　　址: www.nwpup.com
印 刷 者: 陕西金和印务有限公司
开　　本: 727 mm × 960 mm　　1/16
印　　张: 13.25
字　　数: 200 千字
版　　次: 2018 年 11 月第 1 版　　2018 年 11 月第 1 次印刷
定　　价: 88.00 元

前　言

　　质量是企业的生命，是企业生存和发展的第一要素，没有质量就没有一切。企业产品质量的好坏体现了企业质量管理的水平，反映了企业的综合实力和员工素质，也决定了企业能否在激烈的市场竞争中获得一席之地。而对于一个国家而言，产品的好坏，也从侧面反映了整个民族的素质。2017年10月18日，在中国共产党第十九次全国代表大会上，习近平总书记代表第十八届中央委员会做了题为《决胜全面建成小康社会 夺取新时代中国特色社会主义伟大胜利》的报告，提出了必须坚持质量第一，建设质量强国的要求。在经济和管理全球化的时代背景下，市场竞争越来越激烈，中国企业必须转变经营观念，树立"产品质量是企业的生命线"的质量管理理念，追求卓越绩效，提升在全球市场的竞争能力。

　　航空航天工业是当今世界最具挑战性和广泛带动性的高科技领域，是世界主要大国竞相发展的战略高技术产业。在航空航天工业领域，质量更是重中之重，因为这直接关系着人的生命，关系着国家的安全和利益。作为全球航空航天工业领域的领先企业，波音公司始终将质量视为企业生存的奠基石、企业发展的"金钥匙"。波音公司的先进质量管理体系作为世界范围内质量管理模式的标杆，已经成为一种不断发展、可操作性强、切合企业发展需求的全面质量管理方法，形成了一套贯穿全产业链的质量管理模式，成为其他企业争相学习的典范。

　　成都飞机设计研究所主要从事飞行器设计与多学科综合性研究，致力于中国最先进歼击机、无人机研制与临近空间飞行器高新技术发展，是我国航空及临近空间领域重要的研发主机单位之一。学习国际著名航空航天企业的先进质量管理经验和卓越质量经营方法，目的是借鉴国际先进的质量管理之道，扎实推进我们的具体实践，进一步促进研究所的发展与创新，同时带动项目参研单位、配套供应商共同提高质量管理能力,提升产品的质量和国际竞争力。在资料搜集与分析研究的基础上,历时一年,完成了《波音公司质量管理》一书的编写工作。全书共分6章,详细介绍波音公司的质量文化、先进质量管理体系、质量与创新管理实例、所获得的最高质量荣誉、杰出质量代表以及波音公司质量管理所带来的经验与启示,力求从多层次、多角度,全面展现波音公司先进质量管理工作,可供相关研究所、企业和读者参考与借鉴。

本书在编写过程中,参阅了相关著作、文献资料以及网络资源,谨向原作者深表谢意。同时在编写过程中,得到了成都飞机设计研究所有关领导及技术、管理人员的大力支持,在此向他们及其他提供帮助的同志表示诚挚的谢意!

质量管理是一门涉及面广、理论抽象的交叉学科,加之水平有限,缺乏经验,书中难免有不足、疏漏甚至谬误,恳请读者给予宝贵的建议。

编写组
2018年8月

目　　录

编略语表 ·· 1

第一章　波音公司及其质量文化 ·· 5

　　第一节　波音公司简介 ··· 5

　　第二节　波音公司的质量文化 ·· 24

　　小结 ·· 38

第二章　波音公司先进质量管理体系 ··· 39

　　第一节　波音公司质量管理的演变过程 ·· 39

　　第二节　先进质量体系（AQS）介绍 ·· 41

　　第三节　供应商管理 ·· 64

　　小结 ·· 86

第三章　波音公司质量与创新管理实例 ·· 88

　　第一节　基于过程的管理在波音 C-17 项目中的应用 ························ 88

　　第二节　波音 787 项目的供应商管理及经验教训 ····························· 99

　　第三节　波音公司鬼怪工厂的创新管理 ······································· 106

　　小结 ··· 118

第四章　波音公司获得的最高质量荣誉 ········· 121

第一节　美国马尔科姆·波多里奇国家质量奖 ········· 122

第二节　波多里奇奖的卓越绩效模式 ········· 127

第三节　建立世界级的组织：波音公司创奖之旅 ········· 143

小结 ········· 163

第五章　波音公司的杰出质量代表 ········· 164

第一节　吉姆·麦克纳尼 ········· 164

第二节　大卫·斯帕恩 ········· 172

第三节　尤金·巴克 ········· 181

第四节　霍华德·钱伯斯 ········· 185

小结 ········· 187

第六章　波音公司质量管理经验与启示 ········· 189

第一节　先进质量体系建设 ········· 189

第二节　供应商质量管理 ········· 192

第三节　波多里奇准则应用 ········· 194

第四节　建设具有自身特色的企业质量文化 ········· 199

参考文献 ········· 203

缩略语表

缩略语	英文全称	中文
ADLI	Approach, Deployment, Learning, Integration	方法、部署、学习与融合
A&T	Airlift and Tanker Programs	（波音公司）运输机与加油机事业部
AIW	Accelerated Improvement Workshop	加速改进车间
ANSI	American National Standards Institute	美国国家标准协会
AQS	Advanced Quality System	先进质量体系
ASME	American Society of Mechanical Engineers	美国机械工程师协会
ASQ	American Society for Quality	美国质量协会
ATF	Advanced Tactical Fighter	先进战术战斗机(项目)
BCA	Boeing Commercial Airplanes	波音民用飞机集团
BCC	Boeing Capital Corporation	波音金融公司
BDS	Boeing Defense, Space & Security	波音防务、空间与安全集团
BEST	Boeing Enterprise Supplier Tool	波音供应商工具手
BFAI	Boeing First Article Inspection	波音首件检验程序
BGS	Boeing Global Services	波音全球服务集团
BIP	Business Implementation Plan	业务执行计划
BOLT	Boeing Operations Leadership Team	波音运营领导小组
BP	Business Process	业务流程
CAS	Commercial Aviation Services	（波音民用飞机集团）商用航空服务部
CAST	Commercial Aviation Safety Team	商用航空安全小组
CEO	Chief Executive Officer	首席执行官
CFIT	Controlled Flight Into Terrain	可控飞行撞地
CFO	Chief Financial Officer	首席财务官
CMMI	Capability Maturity Model Integration	能力成熟度模型集成
COTS	Commercial Off-The-Shelf	商业现货
CPAR	Contractor Performance Assessment Report	承包商绩效评估报告
CPAS	Corrective/Preventive Action System	纠正与预防措施系统
CPD	Concurrent Product Definition	并行产品定义
CSC	Customer Satisfaction Council	客户满意委员会
CSMS	Customer Satisfaction Management System	客户满意度管理系统
D	Delivery	交付(时间)
DBT	Design-Build Team	设计制造团队
DOD	United States Department of Defense	美国国防部
DCMA	Defense Contract Management Agency	美国国防部国防合同管理局
DP	Diversification-Performance	多元化绩效水平
ECQS	Enterprise Common Quality Supervision	企业通用质量监督
EFQM	European Foundation for Quality Management	欧洲质量管理基金会
EGPWS	Enhanced Ground Proximity Warning System	改进型近地报警系统
EI	Employee Involvement	员工参与小组
EPP	Enterprise Planning Process	企业计划过程

续表

缩略语	英文全称	中文
EPT	Enterprise Planning Team	企业计划制定小组
EQA	European Quality Award	欧洲质量奖
E-SCAN	Electronic Supplier Corrective Action Notice	供应商纠正措施电子通告系统
ESI	Employee Satisfaction Index	员工满意指数
FAA	Federal Aviation Administration	美国联邦航空管理局
FAA	First Article Inspection	首件检验
FC	Functional Council	职能委员会
FCS	Future Combat System	（美国陆军）未来作战系统
FIP	Functional Implementation Plan	职能执行计划
FOD	Foreign Object Damage	外来物损伤
FOD	Foreign Object Debris	外来物
GE	General Electric Company	通用电气公司
GETS	Global Enterprise Technology System	全球企业技术系统
GFE	Government Furnished Equipment	政府供给的装备
GPA	General Performance Assessment	总体绩效评估
HPWO	High-Performance Work Organization	高效能工作机构
IAI	Israel Aerospace Industries	以色列航空航天工业公司
IAQG	International Aerospace Quality Group	国际航空航天质量组织
IBAP	Integrated Business Acquisition Process	综合业务获取过程（模型）
IDS	Integrated Defense Systems	波音综合防务系统公司
IPT	Integrated Product Team	综合产品小组
IWA	Interorganizational Work Authorization	跨组织工作授权
JSF	Joint Strike Fighter	联合攻击战斗机
KC	Key Characteristic	关键特性
KPI	Key Performance Indicators	关键绩效指标
LeTCI	Level, Trend, Comparison, Integration	水平、趋势、对比与融合
LRBP	Long Range Business Plan	长期业务计划
MDC	McDonnell Douglas Corporation	麦·道公司
MPA	Manufacture Process Assessment	制造过程评估
MRO	Maintenance, Repair or Overhaul	维护、维修和大修
MVP	Multiple View Points	多视点
NASA	National Aeronautics and Space Administration	美国国家航空航天局
NCO	Network-Centric Operations	网络中心战
NIST	National Institute of Standards and Technology	美国国家标准技术研究院
NTSB	National Transportation Safety Board	美国国家运输安全委员会
OASIS	Online Aerospace Supplier Information System	航空航天供应商在线信息系统
PA	Product Assessment	产品评估
PBL	Performance-Based Logistics	基于性能的后勤保障
PBM	Process-Based Management	基于过程的管理
PBMS	Process-Based Management System	基于过程的管理系统
PDCA	Plan, Do, Check, Action	计划、执行、检查、调整
PDP	Performance Development Partnership	合作伙伴发展绩效

续表

缩略语	英文全称	中文
PE	Performance Evaluation	年度员工绩效评估
PEM	Performance Excellence Model	卓越绩效模式
PMA	Parts Manufacturer Approval	零部件生产批准
Q	Quality	质量
QPA	Quality Process Assessment	质量过程评估
RAB	Registrar Accreditation Board	注册认证委员会
S&IS	Space & Intelligence Systems	(波音综合防务系统公司)空间与情报系统公司
SAE	Society of Automotive Engineers	美国汽车工程师协会
SBC	Strategic Business Council	战略业务委员会
SCMH	Supply Chain Management Handbook	供应链管理手册
SEI	Software Engineering Institute	美国软件工程协会
SEI/CMM	Software Engineering Institute /Capability Maturity Model	美国软件工程协会/能力成熟度模型
SHEA	Safety, Health, and Environmental Affairs	安全健康和环境事务署
SPC	Statistical Process Control	统计过程控制
SPC	Strategic Planning Council	战略计划制定委员会
SPM	Supplier Performance Measurement	供应商绩效测量
SWOT	Strengths, Weaknesses, Opportunities, Threats	优势、劣势、机会、威胁(分析法)
TCS	Total Customer Satisfaction	客户全面满意
TQM	Total Quality Management	全面质量管理
UTC	United Technologies Corporation	联合技术公司
VSP	Vision Support Plan	愿景支持计划

第一章
波音公司及其质量文化

1916年7月15日,出生于美国,有着一半德国血统一半奥地利血统,满怀飞行梦想的热血青年威廉·爱德华·波音(William Edward Boeing)成立了太平洋航空产品公司。今天,从太平洋航空产品公司到波音飞机公司再到波音公司(The Boeing Company),威廉·爱德华·波音一手创建的这一飞机制造企业在蓝天之上驰骋了百年,已经从初建时位于西雅图联合湖畔的小型水上飞机生产商蜕变为业务遍及全球的航空航天业巨头。

虽然领导航空工业一直以来都是波音公司的核心理念,但创始人威廉·爱德华·波音可能也未曾想到波音公司能有今日的辉煌。如今,波音公司已经成为世界领先的航空航天公司,世界最大的商用飞机和防务、空间与安全系统制造商,美国最大的出口企业。波音公司的机构和人员遍及全球五大洲,拥有300余家子公司和170多处工厂。波音公司目前主要的业务模块包括商用飞机业务和防务、空间与安全业务,每一个业务模块所包含的产品和服务种类繁多,包括从100座到超过500座各种系列的民机、军机、卫星、武器、电子和防御系统、发射系统、先进的信息和通信系统以及培训服务等。

从家庭作坊式的飞机生产商到全球最大的军机和民机制造商,从单一的军机制造到航空航天全系列产品的生产,从无人问津到拥有全世界一半的商用飞机订单,波音公司已经走过了百年的风雨兼程。百年一梦,波音公司以其强健的羽翼在蓝天上谱写了辉煌的篇章,其基业长青之道值得每一家企业细细品味。

第一节 波音公司简介

波音公司是目前世界最大的航空航天企业,全球领先的商用、军用飞机以及防务、空间与安全系统制造商。作为美国最大的出口企业,波音公司在全球超过150个国家和地区为各航空公司以及美国和其他国家的政府客户提供支持服务。波音的产品和服务包括商用飞机、军用飞机、卫星、武器系统、电子和防御系统、发射系统、先进的信息与通信系统,以及"基于性能的后勤保障"(Performance-Based Logistics,PBL)和培训服务。

长久以来,波音公司引领着世界航空航天技术的发展与创新,并不断扩充其产品线和服务,以满足客户需求。波音公司的能力包括不断创造新的、更加高效的商用飞机型号,设计、制造、集成军用平台与防御系统,实现先进技术解决方案,以及为客户提供创新性的金融和服务方案。

波音公司的总部位于美国芝加哥市(见图1-1),在美国以及全球超过65个国家和地区的14余万名员工构成了一支多元化、极具天赋和创新能力的团队。同时,波音公司遍布全球的供应商体系中还有数十万人在利用其天赋和技术为公司创造价值。作为全球最大的航空航天企业和美国最大的出口企业,波音公司不仅在美国组装飞机和防务产品,还生产航空航天部件。截至2017年1月,波音公司在美国的50个州共雇用了超过5万名工人和超过4.5万名工程师。

▲ 图1-1 波音公司总部

波音公司在市场上所获得的成功为其整个供应链乃至整个美国创造了巨大的价值。仅2016年,波音公司向超过1.36万个行业支付了约450亿美元,其整条供应链为美国增加了约130万个工作岗位。

第一章 波音公司及其质量文化

一、领导层

波音公司的具体业务是在公司董事会的监管下，在首席执行官（Chief Executive Officer, CEO）领导下，由员工、各级经理以及公司官员共同开展的。波音公司董事会的"管理、机构和任命委员会"定期对整个公司的管理制度和现行的实施细则进行评审和改进。波音公司现任领导层如图1-2所示。

Dennis A.Muilenburg
董事会主席、总裁兼首席执行官

执行委员会

Kevin McAllister
波音公司执行副总裁
波音商业飞机公司总裁
兼首席执行官

Leanne Caret
波音公司执行副总裁
波音防务、空间与安全
公司总裁兼首席执行官

Stabkey A.Deal
波音公司执行副总裁
波音全球服务公司总裁
兼首席执行官

Greg Smith
波音公司首席财务官
波音公司执行副总裁
（企业绩效与战略）

J.Michael Luttig
波音公司执行副总裁
兼法律顾问

Timothy Keating
波音公司高级副总裁
（政府业务）

Bertrand-Marc Allen
波音公司高级副总裁
波音国际公司总裁

Heidi B.Capozzi
波音公司高级副总裁
（人力资源）

Ted Colbert
波音公司首席信息官
波音公司高级副总裁
（信息技术与数据分析）

Greg Hyslop
波音公司首席技术官
波音公司高级副总裁
（工程、测试与技术）

Phil Musser
波音公司首席通信官
波音公司高级副总裁
（通信）

Jenette E.Ramos
波音公司高级副总裁
（供应链与运营）

Diana Sands
波音公司高级副总裁
（内部管理）

▲ 图1-2 波音公司领导层（2018年3月）

二、业务部门

经过多次整合，目前波音公司主要由波音民用飞机集团（Boeing Commercial Airplanes, BCA）、波音防务、空间与安全集团（Boeing Defense, Space & Security, BDS），以及2017年7月1日正式开始运营的波音全球服务集团（Boeing Global Services, BGS）三大业务板块组成。同时，波音金融公司（Boeing Capital Corporation, BCC）作为保障板块，负责为全球的波音客户提供金融解决方案。波音公司主要业务部门如图1-3所示。

除此之外,波音公司还有其他一些职能机构,主要负责工程与项目管理,技术与研制项目执行,安全、财务、质量管理,以及生产力改进和信息技术。

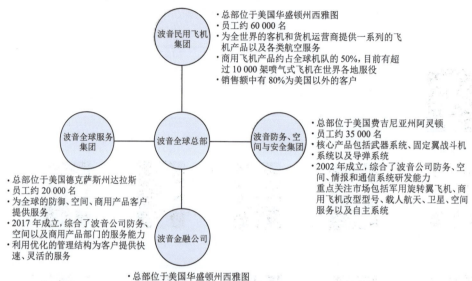

▲ 图1-3 波音公司主要业务部门

(一)波音民用飞机集团

数十年来,波音公司一直是全球最主要的商用喷气式客机制造商之一。目前,波音公司的主要产品包括737、747、767、777和787系列飞机以及波音商务机系列,最新研制的产品包括波音787-10"梦想客机"(Dreamliner)、737MAX和777X(见图1-4)。共有超过1万架波音制造的商用喷气式客机在世界各地飞行,几乎占据了全球商用客机机队的半壁江山。同时,波音公司还提供全系列的商用货机,全球超过90%的空运货物都是通过波音公司制造的货机进行运输的。

(a)　　　　　　　　　　(b)　　　　　　　　　　(c)

(a)波音737MAX;(b)波音777X;(c)波音787

▲ 图1-4 波音新型商用喷气式客机系列

波音民用飞机集团的总部位于美国华盛顿州西雅图市普盖特·桑德地区（Puget Sound），在全球各地的总员工数量超过6万人。作为波音公司的主要业务部门之一，以及全球商用航空领域的领先企业，波音民用飞机集团始终致力于为全球客户提供卓越的设计、效率和价值。目前，除了超过1万架的波音商用喷气式飞机正在世界各地运送旅客和货物之外，该集团还有超过5700架飞机订单正在生产之中。

波音民用飞机集团下属的商用航空服务部（Commercial Aviation Services，CAS）拥有7天×24小时的全球服务网络与设施，能够提供航空工业领域内的各类保障产品、服务以及综合解决方案。从零备件到飞行员培训，从客户支持到现场技术服务，CAS能够协助飞机运营商确保飞机的飞行安全和效率。CAS提供的"波音前沿"（Boeing Edge）综合航空服务涵盖备件、培训、工程、维护和软件解决方案，能够提升航空公司以及飞机租赁企业的运营效率以及盈利能力。

1. 领导层

波音民用飞机集团现任领导层见表1-1。

表1-1　波音民用飞机集团领导层（2018年3月）

波音民用飞机集团	
凯文·麦克阿里斯特（Kevin McAllister）	波音公司执行副总裁 波音民用飞机集团总裁兼首席执行官
斯科特·坎贝尔（Scott A. Campbell）	波音民用飞机集团副总裁兼总经理 737项目及波音雷顿制造厂现场经理
马特·库珀（Matt Cooper）	波音民用飞机集团副总裁 总法律顾问助理
迈克尔·德兰尼（Michael P. Delaney）	波音民用飞机集团副总裁 飞机研发部总经理
乔利·德尼（Joelle Denney）	波音民用飞机集团副总裁（人力资源）
约翰·汉密尔顿（John Hamilton）	波音民用飞机集团副总裁（工程）
马克·简克斯（Mark D. Jenks）	波音民用飞机集团副总裁（新中端市场飞机项目）
伊丽莎白·郎德（Elizabeth Lund）	波音民用飞机集团副总裁 747、767、777项目总经理
林达·米尔斯（Linda Mills）	波音民用飞机集团副总裁（通信）
伊赫萨尼·穆尼尔（Ihssane Mounir）	波音民用飞机集团副总裁（商业市场销售）
沃尔特·奥迪斯霍（Walt Odisho）	波音民用飞机集团副总裁（制造、安全与质量）

续表

波音民用飞机集团	
希拉·雷米斯(Sheila Remes)	波音民用飞机集团副总裁(战略)
琼·罗宾逊·贝里(Joan Robinson-Berry)	波音民用飞机集团副总裁 波音南加州公司总经理
凯文·谢姆(Kevin Schemm)	波音民用飞机集团高级副总裁(供应链、财务及业务运营)首席财务官
金·史密斯(Kim Smith)	波音民用飞机集团副总裁 制造部总经理
布拉德·扎巴克(Brad Zaback)	波音民用飞机集团副总裁 787项目总经理

2. 主要制造厂

波音民用飞机集团下设的工厂遍布全球十多个城市和国家,在美国境内的三大主要制造厂包括位于华盛顿州的埃弗雷特制造厂(Everett)和雷顿制造厂(Renton),以及位于南加利福尼亚州的北查尔斯顿制造厂(North Charleston)。

(1)波音埃弗雷特制造厂

20世纪60年代,新型喷气式客机的出现彻底改变了环球旅行的面貌,数亿旅客开始往来于世界各地。当时,波音公司的747型客机创造了航空领域的历史,并且也是20世纪最伟大的技术进步之一。

1967年,波音公司建立了用于生产大型喷气式客机的埃弗雷特制造厂(见图1-5)。1967年1月,首批制造工人抵达埃弗雷特。1967年5月1日,埃弗雷特制造厂的主装配车间正式落成。1969年2月9日,由波音埃弗雷特制造厂生产的首架波音747飞机成

▲ 图1-5 波音埃弗雷特制造厂

功首飞,成为当时世界瞩目的头条新闻,翻开了人类航空史册上新的一页,并为波音公司后续的767、777和787"梦想客机"奠定了基础。

波音埃弗雷特制造厂拥有全世界最大的制造厂房,目前主要生产747、767、777和787型飞机。埃弗雷特地区共有上万名航空航天从业人员从事飞机制造与生产、产品研发、航空安全以及飞机认证等相关工作。除了制造厂房外,

波音埃弗雷特制造厂的其他生产设施还包括喷漆机库、试飞站和交付中心。

每年,都有来自世界各地的上万名客人到埃弗雷特进行访问,其中的重要宾客包括美国总统、各国高官、大型企业CEO、宇航员以及其他重要人士。继50年前开始制造波音747之后,如今的波音埃弗雷特制造厂正在创造新的历史,为波音公司生产最新型的787"梦想客机"和747-8型双通道客机。同时,该制造厂也是波音777X型飞机的研发基地。

(2)波音雷顿制造厂

波音雷顿制造厂的历史可以追溯到第二次世界大战,几乎见证了整个航空工业的发展历史(见图1-6)。1941年,美国海军建立了最初的雷顿制造厂,用于制造PB2B"海上游骑兵"(Sea Ranger)轰炸机。1943年,美国空军接手雷顿制造厂,并修建了雷顿机场,用以制造波音B-29"超级堡垒"(Superfortress)轰炸机。1954年,雷顿制造厂生产出了航空工业史上最为重要的一款机型——波音"冲刺80"(Dash 80)。在"冲刺80"的基础上,雷顿制造厂又先后生产出了世界上第一款军用喷气式加油机——KC-135"同温层加油机"(Stratotanker)以及世界上第一款商用客机——波音707,由此开创了喷气机的时代,打开了国际旅行的大门。波音707为1965年波音737的推出奠定了坚实的基础,而波音737则成为历史上销量最高的商用喷气式客机。目前,雷顿制造厂主要负责生产的机型包括737系列(初始型、经典型以及下一代波音737)、757、767,以及美国海军的P-8A"海神"(Poseidon)海上巡逻机。2015年,雷顿制造厂开始生产波音737系列中最新一代的737MAX型飞机。

雷顿制造厂坐落于美国华盛顿州,是世界航空工业领域最为高效的工厂。目前世界范围内在役的商用飞机中,约30%(超过11 600架,主要包括707、727、737和757型飞机)产自于雷顿制造厂。根据吉尼斯世界纪录的记载,波音737系列飞机是航空工业史上"制造数量最多的大型商用喷气式飞机"。雷顿制造厂的厂区占地约1 100万平方英尺[①],737项目部每月可生产42架飞机,2017年增加至每月47架,2018年增加至每月52架。机体进入工厂后,大约需要10天时间即可完成整机组装。波音雷顿制造厂的总装厂共有两条生产下一代

---

① 1平方英尺=0.093平方米

737飞机的生产线，2015年又新开一条737MAX生产线。

▲ 图1-6　波音雷顿制造厂

（3）波音南加州公司北查尔斯顿制造厂

2004年，沃特飞机工业公司北查尔斯顿分部（Vought Aircraft Industries, Charleston Operations）和环球航空有限责任公司（Global Aeronautica LLC）组成了最初的波音南加州公司。其中，环球航空由意大利阿莱尼亚宇航集团北美分公司（Alenia North America）和沃特公司联合投资建立，其目的是为波音787"梦想客机"项目提供支持。

2008年6月，波音收购了沃特公司在环球航空的股份，使得环球航空成了波音公司与阿莱尼亚北美公司的合资公司。2009年7月，波音公司收购了沃特公司北查尔斯顿分部。2009年12月，波音公司又收购了阿莱尼亚公司在环球航空的股份，使得环球航空成了波音公司的独资公司，并宣布成立波音查尔斯顿公司（现更名为波音南加州公司）。2009年10月，波音公司将北查尔斯顿制造厂（见图1-7）设为继埃弗雷顿之后的又一条787"梦想客机"的总装及交付生产线。2009年11月，波音公司开始在北查尔斯顿制造厂兴建占地约1200万平方英尺的新厂房。波音南加州公司于2011年7月启动了787型飞机的初始有限生产，首架飞机于2012年4月27日完成总装出厂，并于5月23日完成了首飞。2012年10月5日,波音公司向印度航空公司交付了首架波音787"梦想客机"。

▲ 图1-7 波音南加州公司北查尔斯顿制造厂

同时,北查尔斯顿制造厂还负责787飞机后机身段的制造、组装与安装,以及中机身段的连接与集成。完成组装后的中机身段和后机身段将直接送至北查尔斯顿的总装线,或是空运到位于埃弗雷特的总装线。波音南加州公司目前可以生产全部三型787飞机,包括787-8、787-9以及该系列中最新、最大的787-10。

2011年,波音南加州公司建成启用了占地面积141英亩[①]的北厂区,位于北厂区的内饰件中心主要负责制造787飞机的内部装饰件。2014年,波音研究与技术中心也落户北厂区,主要负责开发先进制造技术以及复合材料机身的制造技术。同步落户北厂区的还有南加州公司推进系统部,主要负责设计和组装波音737MAX机型的发动机舱进气道,此外还负责设计737MAX的发动机舱风扇整流罩以及777X的发动机舱。

---

① 1英亩=4 046.86平方米

(二)波音防务、空间与安全集团

波音防务、空间与安全集团(BDS,以下简称"波音防务")是一家多元化的全球性组织,能够提供最为先进的技术解决方案,为商用飞机改型、军用旋翼机、卫星、载人航天任务以及自主系统提供设计、制造、改装、服务与保障。利用其丰富的产品,例如F-15战斗机、F/A-18战斗机、KC-46空中加油机、AH-64"阿帕奇"(Apache)直升机、CST-100"商业太空出租车"(Starliner)飞船、"回声旅行者"(Echo Voyager)无人潜航器(见图1-8)以及702系列卫星等,波音防务能够满足各类客户的多样化需求。在"通过航空航天技术创新连接、保护、探索、激励这个世界"(Connect, protect, explore and inspire the world through aerospace innovation)的波音公司愿景推动下,波音防务一直在积极寻求更好地利用信息技术的方式,并持续投资于改进型能力和平台的研发工作。

作为全球第二大的防务系统公司,波音防务所提供的产品和能力能够满足客户从海底到外太空的各种任务需求。波音防务的产品系列主要关注于六大市场领域,包括商用型号改型、军用旋翼机、载人航天任务、卫星、自主系统以及保障服务。

▲ 图1-8 波音防务部分产品

(e) (f)

(a) F-15 战斗机;(b) F/A-18 战斗机;(c) KC-46 加油机;(d) AH-64 武装直升机;
(e) "回声旅行者"无人潜航器;(f) CST-100"商业太空出租车"

▲ 续图 1-8　波音防务部分产品

波音防务现任领导层见表 1-2。

表 1-2　波音防务领导层(2018 年 3 月)

波音防务、空间与安全集团	
林尼·卡雷特(Leanne Caret)	波音公司执行副总裁 波音防务总裁兼首席执行官
马克·切利(Mark C. Cherry)	波音防务副总裁 鬼怪工厂(Phantom Works)总经理
詹姆斯·奇尔顿(James H. Chilton)	波音防务高级副总裁(空间与导弹系统)
托德·斯特隆博士(Todd Citron, Ph.D.)	波音防务副总裁(工程)
莫林·克拉金(Maureen Cragin)	波音防务副总裁(通信)
斯科特·德拉奇(Scott G. Drach)	波音防务副总裁(人力资源)
里克·盖尔斯巴赫(Rik Geiersbach)	波音防务副总裁(战略)
帕特里克·哥金(Patrick Goggin)	波音防务副总裁 研发分部总经理
卡罗尔·希巴德(Carol Hibbard)	波音防务副总裁(财务) 首席财务官
卡尔·杰皮森(Karl E. Jeppesen)	波音防务副总裁(供应商管理)
大卫·库伯史密斯(David M. Koopersmith)	波音防务副总裁 垂直运输分部总经理 波音防务费城工厂高级现场执行经理
谢利·拉凡德(Shelly K. Lavender)	打击、监视与机动分部高级副总裁 波音防务圣路易斯工厂高级执行经理

续表

波音防务、空间与安全集团	
吉那·乐夫特（Gena C. Lovett）	波音防务副总裁（运营）
约翰·菲利普斯（John R. Phillips）	波音防务副总裁 总法律顾问助理
大卫·比奇福斯（David Pitchforth）	波音防务副总裁 全球运营分部总经理 波音防务英国公司总经理
克里斯托弗·雷蒙德（Christopher Raymond）	波音防务副总裁 自主系统分部总经理
杰夫·肖基（Jeff Shockey）	波音防务副总裁（全球市场销售）

整个波音防务由七大业务分部组成，包括：

1. 自主系统分部

自主系统分部研制遥控驾驶飞机和潜航器，并负责管理波音公司下属的因斯图（Insitu）公司。

2. 研发分部

研发分部集合了管理能力、专业能力和资源，能够高效完成重要防御系统和空间系统项目投产前的研发工作。

3. 全球运营分部

全球运营分部负责管理波音防务在其他国家的下设机构（例如，波音防务澳大利亚公司、波音防务印度公司、波音防务沙特阿拉伯公司、波音防务英国公司），开发在其他国家和地区的合作机会。

4. 鬼怪工厂

鬼怪工厂利用在创新、先进试验和原型机开发领域的专业经验，创造、推进新的产品和新的能力。本书第三章将对鬼怪工厂的质量与创新进行介绍。

5. 空间与导弹系统分部

空间与导弹系统分部是世界最大的卫星系统制造商，同时还能提供战略导弹与防御系统、武器系统以及其他空间与情报系统产品。波音防务的空间与导弹系统分部拥有超过60年的空间系统开发经验，同时负责管理波音下属的联合发射联盟公司（United Launch Alliance）和联合空间联盟公司（United Space Alliance）。

6. 打击、监视与机动分部

打击、监视与机动分部负责管理波音公司现有以及未来的固定翼军用飞机和监视飞机产品线,包括战斗机和商用飞机改型平台,同时也为领导人专机等重要平台提供支持(例如,"空军一号")。

7. 垂直运输分部

垂直运输分部是世界最大的军用旋翼机制造商,多元化的产品线包括各类运输机、倾翼机和攻击平台。

(三)波音全球服务集团

作为全球领先的商用和防御平台制造商,波音公司也一直致力于为其遍布全球的各种产品提供卓越的售后支持。对于各类商用、防务以及空间产品客户,无论其所使用设备的原产商是否为波音公司,波音全球服务集团(BGS)都可以为其提供创新、全方位、高性价比的服务解决方案。波音全球服务集团的工程能力、数字化分析技术、供应链管理和培训保障服务,可以为客户提供卓越的、持续的支持,让客户的商用飞机高效运营,保障各国军事任务的顺利完成。

波音全球服务集团现任领导层见表1-3。

表1-3 波音全球服务集团领导层(2018年3月)

波音全球服务集团	
史丹利·迪尔(Stanley A. Deal)	波音公司执行副总裁 波音全球服务集团总裁兼首席执行官
威廉·安波弗二世(William A. Ampofo II)	波音全球服务集团副总裁(公务机与通用航空)
加里·贝克(Gary Baker)	波音全球服务集团董事(安全、质量与合规)
克里斯滕·布鲁尔(Kristen Bruner)	波音全球服务集团副总裁(人力资源)
康拉德·楚(Conrad Chun)	波音全球服务集团副总裁(通信)
基思·库珀(Keith Cooper)	波音全球服务集团副总裁(培训与专业服务)
爱德华·杜兰斯基(Edward Dolanski)	波音全球服务集团美国政府服务部总裁
麦克·弗莱明(Mike Fleming)	波音全球服务集团副总裁(商业服务)
丹尼斯·弗洛伊德(Dennis Floyd)	波音全球服务集团副总裁(战略)
库尔吉特·加塔奥拉(Kuljit Ghata-Aura)	波音全球服务集团副总裁 总法律顾问助理
林恩·霍伯(Lynne Hopper)	波音全球服务集团副总裁(工程、改装与维修)

续表

波音全球服务集团	
塞尔杰·克拉维琴科（Sergey Kravchenko）	波音国际公司俄罗斯分公司总裁 波音全球服务集团"创新加速器"项目负责人
斯蒂芬妮·波普（Stephanie Pope）	波音全球服务集团副总裁 首席财务官
肯·塞恩（Ken Sain）	波音全球服务集团副总裁（数字化航空与分析）
托伯·斯约格伦（Torbjorn Sjogren）	波音全球服务集团副总裁（国际政府服务）
肯尼斯·肖（Kenneth A. Shaw）	波音全球服务集团副总裁（供应链）

三、航空安全

"安全"是波音公司的工程师们在设计飞机时所考虑的首要因素。在对飞机进行认证之前，除了满足相关的法规要求之外，每一架飞机都必须首先满足波音公司的设计标准，而这些标准通常会比相关法规的要求更加苛刻。所有的波音飞机都会经过严格的测试，并且波音公司会持续对全球波音飞机的性能进行监控，以进一步提高安全性。

（一）稳固的流程带来安全的产品

1. 设计

波音公司的设计标准十分严苛，要求飞机所有的重要系统必须具有余度。这就意味着所有事关飞机安全运行的重要系统都必须带有备份系统，而且在某些情况下可能需要不止一套备份系统。例如，双发飞机的设计能够保证在一台发动机失效的情况下继续安全起飞、飞行和着陆。

波音公司的飞机都采用了损伤容限设计。所有飞机的结构都可以承受正常使用环境下可能承受的最大载荷的150%。设计这一保护余量是为了确保在出现特殊情况时，飞机能够在其预期飞行包线以外继续安全飞行。

2. 测试

波音公司所有的飞机都必须经过严格测试，确保其满足或超过设计标准和认证要求。此外，测试也能够在飞机投入实际使用之前帮助发现和改正问题。

测试包括很多类型，例如，静力测试和疲劳测试能够确保结构强度。在静力测试中，会向飞机施加最大载荷或压力以验证飞机结构是否能够承受。

最大载荷通常远远大于飞机在正常使用环境下可能承受的载荷。在疲劳测试中，飞机将承受3倍于其正常寿命周期的磨损，以验证其耐久性。

测试能够帮助运营商制定飞机的维护和维修计划。对于一型新设计的飞机，其测试过程可能会持续数个月乃至数年。这些测试通常包括实验室测试、风洞测试、结冰风洞测试、地面测试以及飞行测试。而除了对新设计的飞机进行测试以外，所有飞机在交付之前都会在生产线上完成各类测试。

(二)持续的流程确保持续的改进

波音公司会持续对全球范围内波音飞机的性能进行监控，以便寻求能够提高飞机安全性的机会。

对于飞机服役期间出现的问题，波音公司各个专业的技术专家以及领导层，会通过正式的安全性分析流程进行分析。波音公司非常注重对于飞机设计、装配、使用和维护的持续改进，由波音公司高层领导组成的"波音航空安全委员会"负责对公司统一的安全性方案进行总体监督。波音公司同美国联邦航空管理局(Federal Aviation Administration, FAA)一起对故障数据进行全面的评估，并与客户一起研究解决潜在的安全问题。如果出现了可能影响飞行安全的问题，波音公司将向飞机运营商提出纠正措施与建议。之后，FAA一般会发布通报，要求强制执行波音公司的纠正建议。

永久性的解决方案必须经过全面的测试、分析、验证以及重新认证。在必要时，波音公司会首先采用临时性的解决方案，直至最终制定出永久性的解决方案。

(三)用新技术提高安全性

除了监控全球波音飞机的性能之外，波音公司还开发并采用了各种新技术以提高安全性。通过研究、开发与合作，波音公司已经发展出全面的安全技术，能够带来显著的安全优势。

例如，波音公司设计的驾驶舱系统能够帮助飞行员避免近些年来经常遭遇的两种安全问题：风切变和可控飞行撞地(Controlled Flight Into Terrain, CFIT)。风切变预防系统以及改进后的风切变培训项目基本上已经避免了由风切变所带来的事故。与此类似，"改进型近地报警系统"(Enhanced Ground Proximity

Warning System，EGPWS)等防撞地报警系统已经显著降低了发生 CFIT 事故的概率。另一种能够提高安全性的技术是垂直态势显示，相较于传统的报警系统，这种新型系统能够让飞行员更早地发现可能出现的地形障碍和冲出跑道。

1. 人素工程

除了飞机设备与技术之外，在商用飞机设计中的人素工程研究与应用领域，波音公司也一直占据着行业内的领先地位。

波音公司的人素工程专家收集了关于人的能力、限制以及其他特征等方面的信息，并将这些数据应用到工具、机器、系统和流程的设计之中。这些工作有助于更好地理解人类如何才能更安全、更高效地与技术融合到一起。

2. 培训

波音公司一直在与 FAA 和航空工业界合作开发培训辅助设备，以提高飞行员应对各种紧急情况的能力。例如，为了减少由飞机失控所导致的事故，波音公司对培训辅助设备进行了改进。改进后的培训辅助设备能够帮助空勤人员提高使飞机应对各种非正常飞行姿态的能力，同时还能提升飞行员理解并避免各种可能导致飞机失控的情况的能力。

3. 跑道态势感知工具

为了提高安全性，波音公司一直在与巴西航空工业公司（Embraer）合作研究如何避免发生飞机冲出跑道的事故。可能导致飞机冲出跑道的因素有很多，而且目前也并没有一种简单的解决方案能够防止这样的事故发生。为此，波音公司与巴西航空工业公司合作开发了一套驾驶舱引导与报警工具，并提供了新的操作程序和培训辅助设备来提高飞行员的适应能力。

为了提高飞行员的控制能力，帮助飞行员及时做出决策，确保飞机安全进场着陆，波音公司和巴西航空工业公司对"跑道态势感知工具"的基础理论进行了长期研究。从飞机计划进场阶段直至着陆滑行和减速，"跑道态势感知工具"能够为飞行员提供综合的解决方案，帮助减少飞机冲出跑道事故的发生。

（四）全力确保飞行安全

飞行安全取决于四个方面的因素：飞机的设计与制造，法规的监管、使用与维护，空中交通管制和机场基础设施。

波音公司积极与其他航空工业企业、商业航空协会、政府主管部门以及飞机运营商携手合作,支持提高全球航空运输体系中各方面的安全性,以确保所有旨在提高安全性的工作都能够高效地惠及全球。相较于仅仅通过法规进行限制,这种合作会更加有效。

1. 商用航空安全小组

商用航空安全小组(Commercial Aviation Safety Team,CAST)由来自航空公司、飞机制造商、工会以及政府部门的代表组成。自1998年成立到2007年的十年时间里,CAST对全世界范围内的飞行事故和安全事故数据进行了系统分析,帮助美国降低了83%的灾难性飞行事故。截至目前,CAST已经制定了超过96项安全改进措施,其中超过半数已经被推广实施。

2. 工业安全策略

为了提高全球航空系统的安全性,波音公司与世界各地的航空工业组织及政府合作,制定了很多高效的方案。通过法规制订者、飞机运营商和飞机制造商之间的信息共享,整个航空工业界一直在持续提高飞行的安全性。

整个航空工业界的共同努力,能够识别出影响航空安全的风险,从而采用最佳的方式制订出提高安全性的措施,并能确保这些措施在全球范围内的协调与统一。

通过与航空工业界的合作,以及对于现役机队性能的持续监控,目前全球航空系统的安全状况良好,而且在未来还会得到持续的改善。

四、波音准则

过去一个世纪以来,几代波音人建立起了世界上最大的航空航天企业,并随之塑造了世界航空工业界的历史。波音的愿景表达出了波音公司的决心与价值,激励所有的波音员工携手共创未来,应对挑战(见图1-9)。

(一)愿景

- 使命与任务:通过航空航天技术创新连接、保护、探索、激励这个世界。
- 理想:航空航天领域最优秀的企业,在全球工业领域保持长久的领先地位。

(二)企业战略

- "同一个波音"。

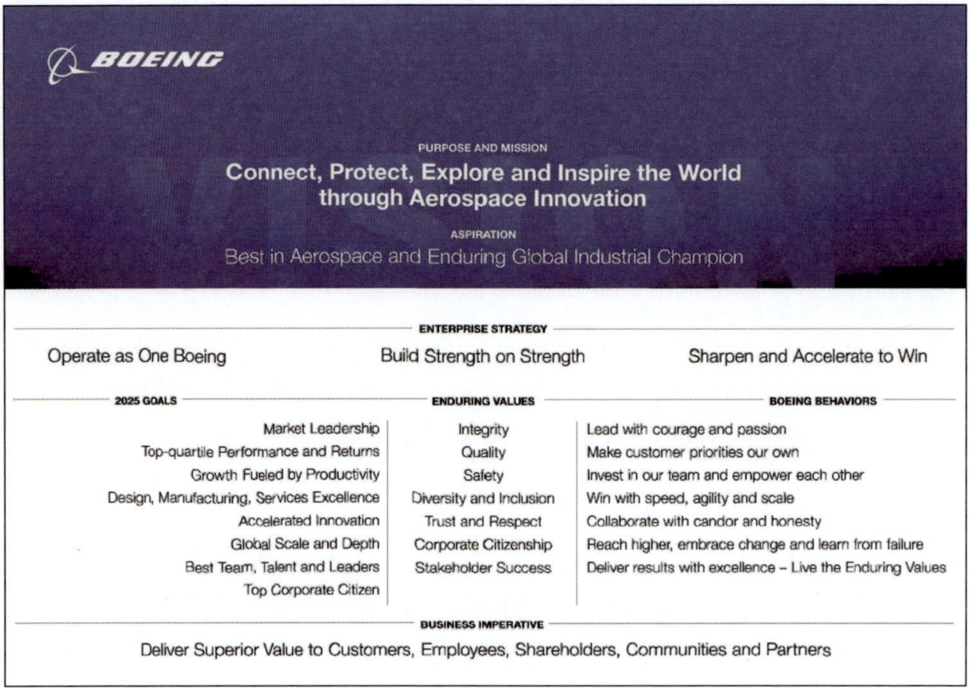

```
BOEING

                    PURPOSE AND MISSION
        Connect, Protect, Explore and Inspire the World
                    through Aerospace Innovation
                           ASPIRATION
          Best in Aerospace and Enduring Global Industrial Champion

                        ENTERPRISE STRATEGY
Operate as One Boeing    Build Strength on Strength    Sharpen and Accelerate to Win

    2025 GOALS                ENDURING VALUES              BOEING BEHAVIORS
    Market Leadership            Integrity             Lead with courage and passion
Top-quartile Performance and Returns   Quality         Make customer priorities our own
Growth Fueled by Productivity         Safety           Invest in our team and empower each other
Design, Manufacturing, Services Excellence  Diversity and Inclusion  Win with speed, agility and scale
Accelerated Innovation         Trust and Respect      Collaborate with candor and honesty
Global Scale and Depth        Corporate Citizenship   Reach higher, embrace change and learn from failure
Best Team, Talent and Leaders  Stakeholder Success    Deliver results with excellence – Live the Enduring Values
Top Corporate Citizen
                       BUSINESS IMPERATIVE
    Deliver Superior Value to Customers, Employees, Shareholders, Communities and Partners
```

▲ 图 1-9 波音准则（来自波音公司官网）

- 持续增强竞争力。
- 加快速度，赢得胜利。

（三）2025 年目标

- 市场领先。
- 高水平的绩效与回报。
- 高生产率实现企业增长。
- 卓越的设计、制造、服务。
- 加速创新。
- 全球规模与全球深度。
- 最好的团队、人才和领导层。
- 充分实现社会责任。

（四）波音价值观

波音公司全体员工普遍认同的价值观，不仅仅说明了"我们是谁？"的问题，而且指导所有员工将波音公司打造成一家符合所有人期望的企业。这些价值观每天都激励着所有的波音员工。

- 正直：最高要求的道德标准，尊重承诺，对自己的行为负责。
- 质量：力争"第一次的质量"（First-time Quality），持续改进各方面工作的质量，满足或超越所有股东的期望标准。
- 安全：把人的生命和幸福放在第一位，并采取相应的措施；坚信所有的事故、伤害和工伤都是可以避免的；每个人都要对自己的安全负责，所有人都要为彼此的安全负责；在安全的前提下，追求质量、成本和进度目标。
- 多样性与包容性：尊重各个团队的技能、竞争力和观点。创造合作性的工作环境，让所有员工都参与到为客户寻求解决方案的工作中，以便实现所有员工共同的工作目标。
- 信任与尊重：以正直、坚定、诚实的态度完成工作；重视透明与包容的文化，公正地对待所有人，让所有人都能参与。
- 社会责任：成为社区和客户的有责任感的合作伙伴、邻居和企业公民；注重所有波音员工、他们的家庭以及社区的健康和幸福；保护环境；为教育以及其他慈善事业提供支持。
- 利益相关方的成功：为客户提供最有价值的创新，让客户在各自的市场上获得最高的竞争力；让员工在安全、和谐的环境中工作，获得极具吸引力的薪酬，共享公司的成功；以更高的市场价值回馈投资人；合法、合规地与供应商开展业务；协助提升全球航空领域的竞争力。

（五）行为准则

- 以勇气和热情领导企业。
- 急客户之所急。
- 投入我们的团队中，提升彼此的能力。
- 以速度、敏捷和规模赢得胜利。
- 精诚合作。
- 追求更高，接受改变，从失败中学习。
- 用波音的价值观实现优异的结果。

（六）商业准则

为客户、员工、股东、社区和合作伙伴传递最大的价值。

波音公司质量管理

第二节 波音公司的质量文化

在波音公司有这样一种说法,"质量不是目标,而是一个旅程,这个旅程漫长而充满艰辛,但是为了美好的结果我们要坚持下去"。像大多数企业一样,波音公司在质量管理过程中经历了许多波折和坎坷,也进行过无数的尝试,如今波音公司的质量管理已经形成了一套适合于本企业的模式,成为其他企业争相学习的对象。

一、质量组织机构

波音公司由董事会掌管,下设四大业务板块,分别是波音民用飞机集团,波音防务、空间与安全集团,波音全球服务集团以及波音金融公司。总的来说,波音公司的质量管理贯穿于从产品的研制、设计、生产,直到销售和售后服务的全过程,涉及各个相关部门,并在有的层级上明确设立了质量部门。

2006年,波音公司成立了"工程、运营与技术部",专门负责整个公司的运营、质量、工程与供应商管理工作,以便提高整个公司的综合运营能力和质量管理水平。从控制、运营、客户支持、工程与制造、制造与质量、物料、销售等不同方面对质量进行管理,并针对这些管理配有相应的质量标准和要求。

波音民用飞机集团设有专门的质量部门——制造与质量部,其他部门也有相关的质量管理职能,如物料部需要对物料的接收、检查等进行监督,客户支持部、工程与制造部、销售部也有相应的质量管理工作。在波音民用飞机集团的各飞机项目中设有供应商管理与采购部。波音全球服务集团设有安全服务部和维修工程部,这些部门承担着相应的质量管理工作。

波音防务、空间与安全集团专门设置了质量与任务保证部,以及供应商管理与采购部。其下设的网络与航天系统部中设有专门的安全与任务保证机构,负责公司的质量管理工作。

二、质量卓越的基础

波音公司认为,整个企业的"质量卓越"(Quality Excellence)建立在四个方面的基础之上,即"组织"(Organization)、"人"(People)、"流程"(Process)以及

"质量文化"(Culture of Quality)。

(一)组织

波音公司的领导层全力推崇质量文化,力求将"质量"塑造成能够体现出波音公司"同一个波音"的企业战略的最佳范例。

从一个组织的层面,波音公司希望能够:

• 成为有价值的合作伙伴,全面参与、融入整个价值链和所有类型的项目,以及整个项目寿命周期中的所有阶段。

• 注重风险、问题和机会的上浮与支持管理,以便在确保项目顺利执行的同时保护企业的利益。

• 积极落实各种绩效评估手段的实施,确保企业的行为符合企业的质量文化和商业目标,符合客户以及相关法规的要求和期望。

• 接受客户客观、独立的监督和意见。

(二)人

从个人的层面,所有波音公司的员工都是:

• 推动持续改进的领导者、指导员和催化剂。

• 有能力持续推进和交付"第一次的质量",并为此获得回报。

• 在技术层面上擅长于根源分析、解决问题、采取纠正或预防措施。

• 质量流程和质量方法的专家,有权利并且有勇气去确保产品和流程的合规性。

• 能够找到一种方式,在不损害产品质量或流程合规性的前提下,确保整个价值链的成功。

(三)流程

波音公司设计的所有流程、系统和工具,都是为了能够确保产品和流程的合规性。并且,波音公司会持续对这些流程、系统和工具进行改进。

波音的这些流程、系统和工具能够:

• 提供分析、衡量和决策所需的精确数据。

• 通过系统地应用这些流程、系统和工具,确定问题根源并形成解决方案,从而对产品和服务进行改进。

- 在整个价值链上提高公司的运营效率,改善产品和服务的经济可承受性,从而确保项目的顺利执行,确保客户的满意。

(四)质量文化

波音公司所提供的产品和服务能够获得客户的满意,赢得客户的信赖,每一个波音人都应该为其在此过程中所做出的贡献感到骄傲。而要实现这个目标,所有的波音人都要付诸行动:

- 质量关乎每一个人;每一个波音人在其具体工作中都应当体现出个人的担当、自豪与责任心。
- 流程合规是实现产品合规和服务卓越的基础。
- 每个波音人所提供的产品和服务都应具有"第一次的质量"。
- 在解决问题的时候应当进行根源分析,并采取纠正和预防措施,防止问题再次发生。
- 所有的员工都应持续地努力提升质量。
- 在所有的交流过程中,波音人会通过团队合作、专业精神和道德规范来体现出波音公司的质量价值观。
- "我们不接受缺陷,我们不制造缺陷,我们也不会传递缺陷。"

三、质量文化践行

(一)"第一次的质量"

波音公司的质量观要求"一次就把事情做好",这不仅能够提高生产率、降低成本,而且也是提升整个波音公司竞争力的最简单方式。

衡量一件普通产品的质量是非常简单的事情,例如一杯咖啡或是一部电影。为了一杯香醇顺滑的咖啡,人们乐于支付3美元,甚至5美元。而几亿美元的票房则能够有力地证明一部电影的成功。但对于像波音这样庞大而复杂、输出各种产品和服务的全球性公司,其质量又该如何体现呢?

客户愿意多次购买波音公司的产品,这肯定能够说明这些产品的卓越性能。同样,客户在满意度调查表和承包商评价体系中给出的好评,也能够证明这一点。而在同时代的其他飞机早已退役之后,很多波音的老旧机型仍在天空翱翔,这是能够说明波音公司产品优异质量的最佳证据。很多客户都对波音公司的产品赞赏有加。一名韩国飞行员在驾驶波音公司制造的 F-15K 喷气式战斗机完成 1 000 小时的飞行后,对于 F-15K 的评价是"性能超凡"。

一家公司的声誉和成功取决于其向客户提供高质量产品的能力,无论是什么产品、什么服务,都必须是完整、正确的,因为这关系到人的生命。波音公司所制造的各种"反重力机器",每天在全球搭载上千万旅客,能够穿越大气层到达遥远的地球轨道,或者捍卫国家领土不受攻击。同时,波音公司的服务能够为客户提供至关重要的保障,例如飞机维护、飞行员培训、卫星运营。很多人的生命都依赖于波音公司的产品和服务。因此,质量不能只是偶尔的措施,质量必须成为一种习惯。对于此,波音公司的领导层做出了承诺。

波音公司前总裁兼CEO吉姆·麦克纳尼(Jim McNerney)表示:"波音提出的'精益+'倡议,能够让我们真正地为客户提供帮助,降低成本,提高生产率,把节省下来的资金投入到我们的未来。我们所追求的是'第一次的质量',这是效率的终极体现。这表示我们不会制造缺陷,我们不接受缺陷,我们也不会把缺陷传递到下一步。'第一次的质量'能够让所有人都获得成功,提升波音公司以及我们的合作伙伴的竞争力,而从根本上来说,这能够提升我们客户的竞争力。"

原波音综合防务系统公司(Integrated Defense Systems, IDS)前总裁吉姆·阿尔博(Jim Albaugh)说,"每一次向客户交付服务或产品时,我们都承诺做到完美。任何的不完美都是不可接受的,这关乎我们的声誉,而更重要的是,这关乎人的生命。"

波音民用飞机集团前总裁斯科特·卡尔森(Scott Carson)说,"我们的客户,以及他们的乘客,都依赖于我们每天所提供的产品和服务的质量。所以,质量必然是整个波音民用飞机集团中最为重要的方面。质量直接影响着生产率,这两者是相辅相成的。改进质量,是提高生产率所必需的。"

波音公司员工对于其所制造的产品以及所提供的服务感到非常的骄傲,这不仅是因为他们制造的先进的喷气式战斗机,或者是他们制造的客机遍及全球,也是因为波音公司员工认为他们的工作做得很好,他们高质量的工作无愧于客户给予的信任。波音公司所有员工的目标都是"一次就把事情做好",如果没能做到这一点,那么可能会付出惨痛的代价。波音的每一层员工、每一个部门、每一个团队都有着这样的质量追求。从别人那里接手的工作必须是高质量的,自己完成的工作必须是高质量的,而向客户交付的产品也必须是高质量的。用吉姆·麦克纳尼的话来说就是:"我们不接受缺陷,我们不制造缺陷,我们也不会传递缺陷。"

波音公司在各个层级设立了多个质量部门,负责协助公司的员工、团队、项目组和业务部门在各个层面落实质量。这些质量部门负责识别和落实各种质量流程和工具,确保实现"第一次的质量"。

波音公司工程、运营与技术部的高级副总经理约翰·特雷西(John Tracy)负责实现并保持整个波音公司的技术卓越和管理卓越。特雷西说,"为了确保公司的声誉和竞争力,我们的设计、我们的供货,以及我们的制造,都必须以一种高度综合的方式实现'第一次的质量'"。

波音运营领导小组(Boeing Operations Leadership Team,BOLT,由波音各业务公司主管制造、质量、工程、供应商管理、研发与技术,以及环境、健康和安全的领导组成)充分采纳了这一综合方式。在BOLT的支持下,通过"流程行动小组"的方式,波音公司全体员工积极发现和改进运营/质量流程和体系中存在的问题,并在全公司范围内推广,以便提升质量、降低成本。此外,波音公司牵头制订并修订了 AS 9100 标准,这是航空航天工业领域普遍采用的标准质量管理体系。

整个波音公司一直强调质量,并且始终在持续改进,例如持续修订各类尚不完善的工作指令、加强对外来物(Foreign Object Debris,FOD)的控制、提高供应商提供的零件的质量。无论波音的自研产品,还是外购产品,所有的一切都必须满足相同的严格标准。在整个价值链上的任何一点所出现的质量问题,都会影响到整个公司的生产率和效率,波音公司认为这是不可接受的,尤其是在当今的市场环境下。

为此,波音公司上上下下一直在持续改进各方面的质量工作。例如,各个制造部门一起携手解决FOD的问题,开展根源分析,设法对工具进行跟踪,并清除金属屑;为了提高供应商的产品质量,供应商管理部门一直在筛查并帮助那些水平相对不高的供应商。波音公司发起了"安全就是现在"的倡议,强调工作环境安全的重要性,让所有员工每天都能在良好的环境下完成高质量的工作。而工程部门则开展了"精益+10X"计划,通过7条简单的准则来提高质量和绩效,并在整个公司范围内推广应用。通过BOLT和"流程行动小组"的形式,波音公司会例行对整个公司的质量工作进行协调。

波音公司所有的质量工作都只有一个目标:用"第一次的质量"实现客户的满意。这个目标不仅仅会影响到公司的底线,而且会让波音公司成为一家人人都想加入的企业。波音公司鼓励员工说出那些他们认为不对的事情,这种正确的文化和环境能够为工作提供支持,能够敦促项目经理用尽一切办法把事情做好。把问题说出来并不是一件容易的事,因为这可能会影响进度,或者增加成本。但波音的理念认为,如果事关质量,必须有人站出来、说出来。

在一次检查了波音公司负责生产747、767、777和787型飞机的埃弗雷特制造厂后,约翰·特雷西在个人博客上写道:"波音公司能够制造世界上最为复杂的产品,我们的可靠性和安全记录世界第一。我们生产的飞机,把全世界的人联系到了一起,成功地改变了这个世界运行的方式。而最让人兴奋的是,尽管我们的产品已经如此优秀,但我们对于质量、可靠性、成本和性能仍不满足,所有人都在努力让一切变得更好。能够为这样一家伟大的公司工作,与这样一些制造神奇产品的天才们一起工作,我感到非常的幸运。"

"第一次的质量"属于每个为波音感到骄傲的人。把质量列为第一优先,这是所有波音人所真正自豪的。

(二)"一次通过"的成功

P-8A"海神"(见图1-10)是波音公司为美国海军设计的新型远程反潜战,反水面战,情报、监视与侦察飞机。2004年,波音公司获得P-8A系统的研制与演示验证合同后,来自波音民用飞机集

▲ 图1-10　波音公司为美国海军研制的P-8A"海神"飞机

团和原综合防务系统公司的质量人员立即组建了联合团队,并充分利用从过去的军品项目和商业项目中所获得的"最佳实践"和经验教训,制订了相应的流程和计划来解决所遇到的问题。

波音公司质量管理

尽管来自于不同的业务部门,但波音民用飞机集团和波音综合防务系统公司的质量工程师们遵循着相同的理念,即"只有在一个流程开始时重视质量,才能在流程结束时获得更大的成功"。为此,在项目的一开始,项目组成员就力求将质量融入P-8A的初始设计之中。

来自于波音民用飞机集团,曾就职于波音公司工业工程与制造工程部的质量工程师克雷格·布鲁克斯(Craig Brooks,见图1-11)说,"我们的想法是,如果能够在最初的设计中就融入

▲ 图1-11 克雷格·布鲁克斯(左)和道格·波尔斯(右)

质量,那么我们之后就不需要在工厂中再想办法解决质量的问题。"

P-8A以波音737-800型商用飞机为平台。尽管两者采用了75%的相同结构件,但仍然有大量的部件是完全不同的。为了降低复杂性,所有P-8A专有的结构件会在后续的制造和装配阶段中加到飞机上。而在波音公司之前的商用改型飞机项目中,波音民用飞机集团会将未涂装、不带内部部件的新飞机交付给防御系统公司,然后再由防御系统公司对飞机进行拆卸、改装。

来自于波音综合防务系统公司的质量工程师道格·波尔斯(Doug Bowers,见图1-11)曾经参与过波音767预警机项目的研制工作。他说,"波音民用飞机集团与波音综合防务系统公司在P-8A项目上的这种合作关系与我所参与过的改型项目完全不同。能够从一开始就参与设计是很棒的一件事,我们每个人都明白,不用把飞机重新拆开,这才是正确的做法……我们知道肯定存在出现问题的可能,因为我们的产品和数据跨越了不同的业务部门。我们进行了多次试验,开展了问题分析,并把所有的一切都记录下来。总的来说,在问题开始暴露出来的时候,我们基本上已经把这些问题都解决了。"

P-8A项目中还应用了一些设计流程来确保整个项目的协同性。设计工程人员、制造工程人员和质量工程人员会定期召开会议,对设计进行评审,并

客观地对设计进行打分(5分制)。得分低于2.5分的设计将进行返工,或者是制定设计优化方案。布鲁克斯说,"在项目初期,我们的设计大概只有50%能够一次性通过评审,而现在大概能够达到95%。"制造厂的技术工人也会参与评审。波尔斯说:"这些技师能够提供非常好的反馈意见。他们会告诉我们哪些设计是很好的,而哪些设计是他们认为存在问题的。"

质量人员的长期合作不仅给P-8A项目带来了好处,同时还提升了来自两个业务部门的人员对于质量的认识和理解。布鲁克斯说:"我们会向他们学习,而他们也会向我们学习并找到最优的方法。我们所有人都在一条船上,并且我们都渴望成功。我们并不关心我们来自于哪个部门,我们都属于波音。"而波尔斯则说,"我们的目的都是要提高质量,只有这一点才是最重要的。"

(三)通往"零外来物"之路

波音民用飞机集团和波音综合防务系统公司有一个相同的目标:在制造过程中控制外来物(FOD),并清除所交付的每一架飞机中的外来物。波音民用飞机集团的FOD工作组长丹·斯万博格(Dan Swanburg)说,"我们的目标是让每一个能够接触到飞机的人都知道如何预防FOD。"

在成功举办2008年度的波音FOD展览之后,波音民用飞机集团的FOD团队决定将工作重点放在FOD所特有的一些问题上。FOD团队对一些真实的FOD案例进行了研究,例如:一家航空公司客户的飞机在飞行过程中,后舱厨房的天花板发出异响。飞机着陆后,维护人员拆开天花板发现了一把扫把,很明显是在飞机制造过程中留下的。最终,FOD团队对于这一事件所给出的解决方案是将扫把也纳入5S(整理、简化、清洁、规范、素养)管理流程,必须按规定摆放。斯万博格说:"现在很容易就能看到扫把应该放在哪里。在这个案例中,并不存在安全的问题,但这会影响到机组人员和乘客。而通过很简单的方法就能够避免这个问题。"

FOD预防工作组推动波音民用飞机集团和波音综合防务系统公司开展了多种预防FOD的工作。波音民用飞机集团启动了强制性的FOD培训,所有从事制造和运营工作的员工都必须参加此项培训。波音综合防务系统公司下属的各个制造厂还开展了另外一项流程改进,即采用"通用工具责任制和管理程序"。整个波音公司对这一程序进行了规范化。同时,利用"最佳实践",波音公司在一些工作领域尝试采用了"电子工具箱":工具箱里的工具都嵌入了无源射频识别标签,所有的标签与工具箱主体相联系。要取出某件工具,员工必须在工具箱的传感器上刷一下工牌,让系统"知道"是谁从这个工具箱里取出了这件工具。员工换班时,必须归还工具箱里的所有工具,并对此工具箱负责。

波音综合防务系统公司前FOD预防工作组组长玛丽弗朗西斯·沃尔夫(Maryfrances Wolf)说:"只有通过所有可能的方法发现并清除FOD,才能让波音公司有能力继续生产出满足客户需要的高质量产品。"

波音圣路易斯制造厂负责生产运营的执行厂长戴夫·索尔(Dave Thole)表示,圣路易斯制造厂FOD工作的重点是"个人责任制"。"波音圣路易斯制造厂已经实施了多项改进措施,包括在制造大纲的关键工序中加入专门的FOD检查程序,操作人员完成相应的检查后需要签字认可。我们要让每个人都在清除FOD的工作中承担相应的责任。"圣路易斯制造厂还与波音先进制造技术部开展合作,由先进制造技术部为圣路易斯制造厂的操作人员提供各种工具,用于限制或避免装配过程中的异物,并找到改进措施。图1-12为F/A-18总装工人利用红外线手电检查外来物。

▲ 图1-12 F/A-18总装工人利用红外线手电检查外来物

波音圣路易斯制造厂的制造与质量部门还牵头开展了一项工作,以便让操作人员能够获得关于其预防FOD工作的反馈情况。操作人员与客户代表一起进行FOD评估,从而更好地理解客户的期望。索尔说:"我们鼓励操作人员找到最好的解决方案,因为他们在第一线工作,知道如何清除FOD,知道问题在哪里,以及应当怎样更加高效地改进我们的绩效。"

波音综合防务系统公司旋翼机系统分部费城制造厂负责运营的现场经理奥比·琼斯(Obie Jones)表示:"我们会通过一切可能的渠道与员工们进行沟

通,以便获得关于预防 FOD 的信息。我们希望每个人都能够方便地得到他们所需要的信息。"波音综合防务系统公司的所有员工都签署了关于协助清除 FOD 并改进质量和安全性的个人承诺书。

FOD 可能会涉及工作过程中所用到的一切物品。为此,波音费城制造厂实施了强制性的每日 5S 流程,以防止 FOD 进入生产区域。波音费城制造厂的制造主管鲍伯·卡思迪(Bob Cassidy)说:"耳塞、工具、钻头,甚至是个人防护用品,都可能成为 FOD。我们正在采取一些新的安全手段来提高产品质量,包括刷工牌进入飞机附近的限制区域等。进入这些工作区域时,必须要获得相应的许可,这样能够限制飞机附近的人数,进而防止 FOD。"

"但这还不是全部,"卡思迪补充道,"每一天的工作完成后,我们要求实施'离开时清扫'(clean-as-you-go)流程,对飞机及其附近区域进行打扫,清除一切可能留下的东西。检查工具箱,确保所有的工具归位。操作工人和管理人员会一起检查所有的工作区域,确保没有 FOD。有一句老话叫,'各司其职,各尽其责',我们这里就是这样。"

(四)简单的改变会得到重要的结果

波音公司的工作可以用"熙熙攘攘"这个词来形容,因为总是时间紧、任务重,多任务并行,需要尽可能快地同时完成尽可能多的工作。尽管在同一时间跟进多项任务或者多个项目的能力是一种优势,但一个人的精力如果过于分散,则可能会导致浪费时间、结果不好。

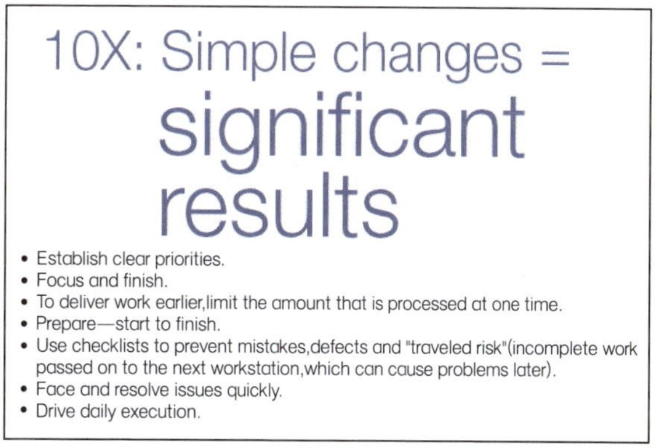

▲ 图 1-13 波音综合防务系统公司工程部发起的"10X"计划

为此,波音综合防务系统公司工程部发起了一项旨在降低多任务并行风险、提高质量的"10X"计划(见图 1-13)。之所以叫"10X"计划,是因为它能够带来 10 倍的提升。"10X"计划中包含了 7 条简单的准则,所有人都可以应用这些准则来帮助确保"第一次的质量",提升在一定时间段内能够完成的工作量,并建立起一种能够让人精力更加集中的工作环境。通过应用"10X"准则,在不到两周的时间里,由工程部牵头负责的100项任务平均提升了290%的产出率和320%的质量。

简而言之,"10X"计划的7条准则包括:

- 明确任务的优先级。
- 集中精力完成任务。
- 为了尽快完成工作,首先要限制在同一时间内所处理的工作量。
- 做好准备、开始工作、完成工作。
- 用检查单来防止错误、缺陷和"风险传递"(即把没有完成的工作传递到下一步,这可能给后续的工作带来问题)。
- 正视问题,迅速解决问题。
- 务必每日执行。

(五)不是什么大问题?

为了指导制造人员如何组装产品,工程师们往往会编制安装方案文件,列出相关的操作以及完成这些操作的步骤。这些操作和步骤通常会有很长的篇幅,因此,为了便于操作,每个步骤都会给出相应的图示。

由于这些操作非常复杂,小小的错误都很可能会带来很大的麻烦。例如,一项看起来很简单的操作——在隔框上安装一个支架,如果在安装方案中,工程师将本应为"图3"的参考图示错误地写成了"图2",制造人员就会参考错误的图示,结果就是将支架安装到了错误的位置上。然后,飞机转入下一工序,当另一些工人需要在隔框上安装其他部件时,却发现这些地方已经装上了支架,此时,前面的错误才会暴露出来。为此,工人们需要找到错误的原因,然后再进行纠正。在这个例子中,一个小小的打字错误,也许只是1秒钟的事情,最终却需要多花几个小时来发现问题,先拆下支架,然后重新把支架安装到正确的位置上。而除此之外,还要多花很多时间来记录问题,通知客户,并进行一些工程分析以确定在错误安装支架时多钻的孔是否会影响到产品结构的完整性。

同理,花一点点时间来解决一个小问题,所能节约的不仅仅是时间和金钱,还有可能挽救人的生命。当一个武器系统项目的制造团队完成了当天的工作后,在检查地面上是否留下了FOD时,如果发现了一段铜丝,他们需要做的不仅仅是把它捡起来。他们需要研究这段铜丝,确定这是否是从某个设备的插头中掉出来的一部分。拆开所有的插头来找到故障是不现实的,因此制造团队会用内窥镜检查各种插头。在发现故障插头后,他们会修好这个插头,确保这个有故障的插头不会交付到客户手中。同时,制造团队还会进行一些分析,找到这段铜丝掉出来的原因,并在工作程序中增加相应的验证步骤,确保不再出现类似的问题。通过这样的细致工作,制造团队不仅能够为波音公司节约时间和金钱,还能确保客户接收的产品是高质量的产品,绝不会在关键时刻发生故障。

（六）质量时刻

蹲在一架波音747-8型飞机的机腹里,诺梅尔·那扎里奥（Nomer Nazario）正准备在蒙皮上钻孔。确保对齐之后,那扎里奥准备钻下最后一个孔,一个没有瑕疵的孔。这并不是一次性的工作,像那扎里奥这样的结构技师需要在每一架波音747-8型飞机上钻出上百万个这样的孔。

作为波音埃弗雷特制造厂747结构组的组长,那扎里奥说:"每个孔都必须是完美的。如果我们发现或产生了缺陷,我们必须重新来过,把它修好。"

严格的质量一直都是波音公司以及波音747项目部所关注的重点。如果员工们发现某些工作没有"第一次就达到标准",他们会采取措施。每一年,波音公司的员工都会持续地改进他们的绩效。可以用以下数据来证明：2013年,波音747项目的总体质量提升了40%,而某些团队的缺陷降低率甚至超过了50%。图1-14为波音公司的结构技师正在组装波音747-8型飞机。

这一切的开始其实非常简单——每日交流。在每天的工作开始时,各个工作团队会一起对他们的质量数据进行回顾——前一天产生了多少缺陷？然后一起讨论如何进行改进。

747结构技师组组长达米安·特雷尔（Damian Terrell）说,"每日报告有助于我们关注日常工作。每个人都意识到了在哪些地方还可以继续改进,然后我们就采取相应的措施进行改进。"

特雷尔和那扎里奥的团队每天都会分享他们的知识、"最佳实践"和专业技能,例如如何在钻孔时使用不同的工具或不同的角度。但这还不够,员工们还需要获得更多的培训和指导,为此,波音埃弗雷特制造厂专门成立了技能提升中心。

▲ 图1-14　结构技师正在组装波音747-8型飞机

2012年，波音埃弗雷特制造厂启动了技能培训试点项目，最初只是利用蒙皮废料帮助提升结构技师的钻孔技术，而经过一年的发展，波音埃弗雷特制造厂已先后建立起了9个技能提升中心。

波音民用飞机集团培训与合规部高级经理里克·帕尔默（Rick Palmer）说，"在整个波音公司里，制造工人们所从事的工作是最为艰巨的，因为他们要负责把我们的产品装配起来。我们发现了能够与制造团队一起合作的机会，我们要把产品质量提升一个档次。"

每一个双通道机型项目的生产线附近都设立了一个技能提升中心，每个中心都配备了用于培训的样机、工具和飞机零件，并且全天向所有波音员工开放。帕尔默说："我们与各个团队进行合作，让他们的工作变得更简单、更安全，并且协助他们提升质量。每一个技能提升中心都是专门为了一个飞机项目提供支持，向他们提供所需要的技能。"

技能提升中心会利用废旧的零件和蒙皮来模拟在真实飞机上需要完成的

每一项工作。由于每个机型项目的工作各有不同,每个技能提升中心会专门针对相应的飞机型号制订生产流程。例如,负责747项目的工人在铝合金制成的大块蒙皮上练习钻孔技术,而负责787项目的工人则是在碳纤维零件上实践其他一些新技术。

747技能中心的现场教员查尔斯·塔克尔(Charles Tucker)说:"我们的目标是建立起真实的操作环境。我们希望能够精确地模拟出在真实飞机上操作时的环境。"每一个技能提升中心都配备了数名像塔克尔这样的教员,他们大多是具有多年经验的技师,现在主要负责培训。塔克尔已经在波音公司工作了20多年时间,非常了解员工们会遇到什么问题,以及如何改进。

"我干过他们的工作,所以我明白他们会遇到的问题。"塔克尔说,"我们对每个人的指导方式是不同的,有可能是培训和指导,也有可能是一起探索新的流程改进。但总的来说,我们都是在合作。"

技能提升中心的教员们同时也是"员工参与小组"(Employee Involvement, EI)和质量委员会的成员。他们会参加员工的会议,并且会随时出现在生产线上。塔克尔说:"无论是开会还是在飞机上,我们每天都和制造团队在一起,我们是一个整体。"

帕尔默牵头主导了技能提升中心项目的实施,他认为协作是非常重要的。"我们就像是工人们工具箱里的一件工具。就跟所有的工具一样,在需要时,我们必须在场。"

特雷尔同意帕尔默的观点。"如果我们需要用什么东西,我们应该马上就能用上。只用花几分钟的时间,我就可以到技能提升中心去练习一下,跟他们一起讨论一个想法,然后再回到飞机上工作。"

波音747和767项目的质量主管道格·罗比拉德(Doug Robillard)认为,为了实现公司的质量承诺,波音公司质量策略的重点是投资、发展各个项目团队,而技能提升中心的设立正是体现了这一策略。他说:"'第一次的质量'让我们能够满足客户的期望,满足法规的要求,这是我们文化的一部分。"

波音埃弗雷特制造厂计划在后续成立更多的技能提升中心,帕尔默对未来也充满了信心:"我们看到了技能提升中心所带来的改进,也看到了它所产生的文化,这些都是非常好的,但这还仅仅只是开始。"

小 结

1916年7月15日,威廉·爱德华·波音成立了太平洋航空产品公司。从太平洋航空产品公司到波音飞机公司再到波音公司,经过了百年的发展,如今的波音已经成为世界领先的航空航天公司,世界上最大的商用飞机和防务、空间与安全系统制造商,美国最大的出口企业。波音公司目前主要的业务包括商用飞机业务和防务、空间与安全业务,三大主要业务集团包括波音民用飞机集团、波音防务、空间与安全集团以及波音全球服务集团。

波音公司的质量管理贯穿于从产品的研制、设计、生产,直到销售和售后服务的全过程,涉及各个相关部门,并在有的层级上明确设立了质量部门。波音公司认为整个企业的"质量卓越"建立在"组织""人""流程"以及"质量文化"这四方面的基础之上。波音公司的领导层全力推崇质量文化,力求将"质量"塑造成能够体现出"同一个波音"这一企业战略的最佳范例。以波音公司前总裁兼CEO吉姆·麦克纳尼的话来说,"我们不接受缺陷,我们不制造缺陷,我们也不会传递缺陷"。

本章对波音公司的基本情况以及企业质量文化进行了简要介绍,第二章将具体介绍波音公司独特的全面质量管理方法及运作方式,即波音公司的"先进质量体系"(Advanced Quality System, AQS)。

第二章
波音公司先进质量管理体系

波音公司于 20 世纪 80 年代中期开始实施"全面质量管理"（Total Quality Management，TQM）战略，不断探求全面质量管理方法，改进和整合全面质量管理运作方式，形成了适用于本企业的具有独特管理运作方式的"先进质量体系"（AQS）。1996 年，波音公司编发了第一版 D1-9000A《先进质量体系》，其中包括了 ISO 9000 标准的基本质量要求以及统计过程控制（Statistical Process Control，SPC）方法和手段，并将国际航空航天质量组织制定的 AS 9100 系列标准要求与本企业自身的特点、需求和经验进行了融合，加入了持续改进、供应商管理等能够体现波音公司自身产品特点和管理理念的要素。

第一节 波音公司质量管理的演变过程

现代质量管理的发展通常划分为三个阶段：一是质量检验阶段（20 世纪初至 20 世纪 40 年代），主要通过严格检验来保证工序间和出厂产品的质量，侧重于"事后把关"；二是统计质量控制阶段（20 世纪 40 年代至 20 世纪 60 年代），主要应用统计技术对生产过程进行监控，逐步从"事后把关"向"事前预防"转变；三是全面质量管理阶段（20 世纪 60 年代至今），强调全员、全过程、全企业的质量管理，注重预防为主、过程控制、持续改进。在世界质量管理发展的总体趋势下，航空航天行业质量管理也经历了从学习借鉴到自主发展的历程，不断探索与航空航天产品特点和企业管理理念相适应的质量管理模式和方法。

波音公司的质量管理经历了四个阶段的发展，到 20 世纪 90 年代中期，已经建立起了具有自身特色的先进质量体系，见表 2-1。

1996 年，波音公司编发了旨在减小质量特性波动的生产过程持续质量改进方法——D1-9000A《先进质量体系》（AQS），其中吸收了 ISO 9000 标准的基本质量要求以及统计过程控制方法和手段。从20世纪90年代开始，波音公司开始注重供应商管理，在供应商管理中吸收了AQS的基本要求及统计过程控制方法和手段，并在D1-9000A中专门列出供应商管理。供应商的具体管理见本章第三节。

表2-1 波音公司质量管理发展

发展阶段	发展时期	主要内容	主要特点
质量检验阶段	20世纪初至20世纪40年代	通过检验来保证产品质量，主要偏重于"事后把关"	与世界质量管理的发展基本同步
统计质量控制阶段	20世纪40年代至20世纪60年代	应用统计技术对生产过程进行监控，从"事后把关"向"事前预防"转变	
质量保证阶段	20世纪60年代初至20世纪90年代初	执行MIL-Q-9858《质量保证大纲》系列军用标准，强调： • 建立和运行质量保证体系 • 技术评审和特性分类 • 技术状态管理和生产过程控制 • 元器件、软件等的质量管理 • 可靠性、维修性、安全性、保障性分析、设计和评价	体现军工产品质量管理的特点和特殊要求
先进质量管理阶段	20世纪90年代中期以来	执行D1-9000A《先进质量体系》，强调： • 持续改进 • 波动管理 • 过程控制 • 绩效测量 • 供应商管理	体现波音公司自身的产品特点和管理理念

波音公司AQS是随着质量管理发展以及公司情况变化不断完善的。2000年，波音公司对AQS进行了修订，即在AQS的基础上，对企业自身的实践与国际先进质量管理经验进行了融合，制定了《波音对供应商质量管理体系要求》。波音公司要求其供应商及下一级供应商均贯彻该要求，从而确保在整个供应链上执行统一的质量管理体系要求。为了更好地实施该要求，波音公司还于2000年编制了《波音先进质量体系指南》。

2000版《波音对供应商质量管理体系要求》中规定，波音公司对供应商质量管理体系的要求分为两类：一类是执行AS 9100系列标准；另一类是执行美国汽车工程师协会（Society of Automotive Engineers，SAE）的AS 9003《检验和测试质量体系》。波音公司的供应商可以根据承担任务的复杂程度和产品的重要程度,选择和执行其中一种质量体系要求。但无论选择哪种质量体系,波音公司要求供应商必须取得由认可的认证机构颁发的质量体系认证证书。认可的认证机构名单可通过国际航空航天质量组织(International Aerospace Quality Group,IAQG)的航空航天供应商在线信息系统(Online Aerospace Supplier Information System,OASIS)数据库进行查询。此外,该要求还详细规定了AQS持续改进的具体要求,以及可交付软件的质量体系要求。《波音先进质量体系指南》的主要内容是对2000版《波音对供应商质量管理体系要求》中关于AQS持续改进要求进行进一步的解释,以便各级供应商能够更好地理解和执行AQS持续改进要求。该指南内容非常具体,涉及持续改进流程、持续改进体系、绩效测量、过程和产品分析、管理评审等方面的详细解释。

2007年初,波音公司重新修订了《波音对供应商质量管理体系要求》,仍然要求供应商执行AS 9100系列标准,或供应商的检验和试验质量体系应符合SAE AS 9003的要求,但进一步要求供应商在2008年6月30日之后不再执行AS 9003认证,而是改为执行AS 9103《关键特性波动管理》;同时,仍保留了波音公司对可交付软件的质量体系要求,但内容有所变化,并补充明确了对供应商的"美国软件工程协会"(Software Engineering Institute,SEI)等级认证要求。

2017年,波音公司再次对《波音对供应商质量管理体系要求》进行了修订,修订后的版本为D6-82479。该文件给出了对供应商质量管理体系的详细要求,是对波音公司与供应商之间的合同以及相关法律条款的补充,而非替代。该文件共包括3个附件和2个附录,其中3个附件针对不同的供应商制定了不同的要求,附录则针对关键特性(Key Characteristic,KC)波动管理和可交付软件质量体系制定要求。

第二节 先进质量体系(AQS)介绍

一、AQS概念

波音AQS是利用数理统计的方法,分析影响产品质量关键特性的变化因素和潜在的变化源,并加以连续不断地控制和质量改进,以达到提高产品质量、降低成本的目的。波音 AQS 包括基本质量体系和过程质量控制体系两大部分。因此,波音公司对供应商质量体系的批准也有两个级别,即基本质量体系和过程质量控制体系的批准。对过程质量控制体系的批准必须在对基本质量体系批准的基础之上进行。

基本质量体系包含 18 个质量要素和基本质量体系的一致性问题单,供应商应使用一致性问题单作为编制先进质量体系程序和内部质量审核检查单的依据。基本质量体系包含的 18 个质量体系要素是在等同采用 ISO 9002 的同时,对其进行了扩充。

过程质量控制体系要求供应商通过系统减小关键特性的波动来改进质量,即要求利用统计技术进行统计过程控制。过程质量控制体系包括一般要求、确定关键特性、提取波动证据、确定和控制波动源以及过程导向五个部分。

(一)一般要求

在基本质量体系的基础上,一般要求对管理职责、质量体系、纠正和预防措施、内部质量审核和培训五个质量要素又进行了补充,并对检验选用的方案(统计过程控制)、缺陷和问题的分析、浪费的度量、产品的过程分析进行了阐述。

过程质量控制体系要求:当供应商使用统计过程控制作为过程检验或最终检验的备选方案时,必须由经过培训的人员测量数据。测量数据必须是按照合理的抽样频率抽取的计量数据,且必须选用合适的控制图,并根据规定的要求对缺陷采取措施。

缺陷和浪费的度量是指供应商必须开展有关缺陷和浪费的内部度量,跟踪测量数据以提供直观的发展趋势。供应商必须按照过程质量控制体系初始批准时的状态,建立起内部缺陷率或浪费的基线。如果当时没有适用于建立基线的数据,则可使用之后得到的缺陷或浪费的数据来建立基线。

实施过程质量控制体系的目的是为了减少产品关键特性的波动和关键特性波动引起的生产过程的波动。要减少波动,首先需要确定关键特性,然后对关键特性进行统计控制和过程能力分析。在确定关键特性之前,可以利用各种统计方法对产品以及相关的制造过程进行全面的分析,以确定最合理、最准确的关键特性,并解决实际存在的问题。

(二)确定关键特性

关键特性(KC)是指波动对最终产品的适用性、性能或使用寿命具有较大影响的质量特性。确定关键特性有两种方式:一是由需方根据产品特性和工艺水平确定的关键特性,直接标注在产品图纸、工程标准、过程控制文件、采购合同或计算机辅助设计和制造的数字定义上;二是由供应商根据需方的要求、产品图纸、工艺规程、零件的拒收历史以及零件的最终使用要求等资料进行分析而确定的关键特性。

无论是由需方提供的关键特性,还是由供应商确定的关键特性,都必须制定相应的先进质量体系控制计划。先进质量体系控制计划是用于保证关键特性所需信息、数据等的综合性文件。

(三)提取波动证据

首先,在对关键特性进行测量之前,必须确定在产品制造流程中的哪一个工序上进行测量。这样做的目的是为了能够在有缺陷的产品进入下一个工序前发现存在的问题。

其次,要选择合适的控制图。控制图是以时间顺序方式显示质量特性变化的带控制线的图(见图2-1)。控制图上有中心线和控制基线,能够帮助进行数据分析,并对加工过程中关键特性的变化情况进行监控。可以根据用途和工作对象来选择控制图。在选定了合适的控制图之后,应确定抽样频率和样本量,并在过程质量控制体系的控制计划或制造计划中对将要使用的控制图、样本量和抽样频率进行记录。

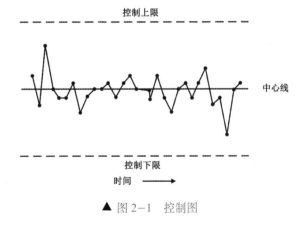

▲ 图2-1 控制图

最后,收集关键特性的测量数据,并按照制造时间的先后顺序记录并绘制在控制图上。

(四)确定和控制波动源

控制图对过程的正常波动规定了统计界限,这些界限称为控制限。控制图可以对关键特性进行监控,而利用控制图,即可以确定统计控制基线。

对于任何给定的时间段,如果已绘出的坐标点都在控制基线内,则认为关键特性处于统计控制状态。否则,必须对引起波动的原因进行分析,并在相应的控制图或软件系统中对失控点做出注释,表明已对失控点进行了分析,并采取了纠正措施以消除或尽量减少这类原因再次出现。同时,还应对纠正措施和实施结果进行记录。引起波动的原因大致有三种:第一种是特殊原因,是由制造环境、程序、工艺、原材料、制造商等方面的变化所引起的波动;第二种是由量具引起的波动,在过程质量控制体系中使用的计量系统必须与所控制的关键特性相适应,否则将降低验证过程的能力和控制状态的能力,并会给波动源的分析带来很多困难;第三种是潜在的过程波动源,在完成前两种波动源的分析之后,如果关键特性仍处于失控状态或过程能力不足,那么供应商必须查明潜在的过程波动源。应通过分析与关键特性制造相关的所有过程,从中发现波动源是一个还是多个变量,以及其设置是否合理,然后逐个对这些变量进行分析,从中筛选出对关键特性的波动影响最大的潜在波动源。

通过对波动源的分析,如果过程波动的所有可识别原因都已经排除,但关键特性仍处于失控状态或过程能力依然不足,则应通过统计实验设计进一步改善关键特性的受控状况或提高过程能力。

(五)过程导向

过程导向包括过程输出控制和过程输入控制两部分。实施过程输出控制时,仍然要对零件特性进行测量,但控制的重点并不仅仅是改进选用的零件,而是改进过程。实施过程输出控制要求对具有相同关键特性并经过相同过程形成关键特性的零件进行监控。过程输入控制是指对关键特性的过程输入参数实施控制,这种控制有助于减少零件之间的质量波动。

过程导向的好处在于,一方面可以减少监控过程输出所需的控制图数量,另一方面可以对贯穿于某个操作过程的制造能力做出合理的评价。此外，还可以减少确定关键特性所需的时间和资源（例如，可以分组确定相似产品的关键特性，而无需针对单个零件逐一确定）。除已确定的关键特性以外，其他特性也可以从过程控制中获得收益。

过程质量控制体系还包括过程质量控制体系要求和一致性问题单。一致性问题单不仅是供应商编制先进质量体系程序和内部质量审核检查单的依据，同时也是波音公司的代表检查供应商执行先进质量体系符合情况的依据，波音公司的代表必须以此为依据编制检查单。

二、AQS 特点

波音公司的 AQS 是一种发展的改变运作方式的全面质量管理方法，借鉴了全面质量管理思想中的持续改进、过程管理和精益生产的理念，融合了目标管理的思想精华，尤其注重系统化和程序化地应用各种统计方法和工具，使全面质量管理活动更加量化和具有可操作性。通过 AQS，波音公司形成了一套适合于本企业的质量管理模式，成为其他企业争相学习的典范。

(一)强调追求卓越的持续改进

1. 明确持续改进的流程和体系

AQS 要求持续改进体系与企业的长期目标结合，需要进行自上而下的战略规划。AQS 给出了持续改进的过程图，说明了持续改进规划推进的方式。AQS 明确持续改进体系包括：具有专业能力和丰富经验的人员，全员参与管理，自上而下的战略规划，明确定义和理解程序，人员培训和专业测试，纠正和预防措施系统，将持续改进、价值增值和财务绩效联系起来，持续改进过程的文件，与业务计划挂钩，有效的内部审核。

2. 提出高于、严于 ISO 9001 标准的要求

AQS 的很多要求都是 ISO 9001 标准所没有的。例如，对于人员培训，AQS 强调的是终身培训，设置使用改进工具等相应的培训课程，不仅要求对参加培训的人员进行专业测试，适当时还要对所要求的课程进行专业测试以衡量和改进培训的效果，并将测试方法加以文件化。对于持续改进的效益，AQS 把持续改进与价值联系起来，在财务评审中对每一项活动进行成本和收益分析，

评审之后进行必要的改进;对于纠正和预防措施系统,AQS更强调对根本原因的分析,过程文件也要求持续改进。

3. 建立和运行全方位绩效测量体系

AQS对ISO 9000标准给出的五种识别质量管理体系绩效改进的方法进行了改进,提出了适合本企业的识别绩效改进的方法。该方法通过有效性和效率来实现绩效测量结果的量化。有效性是通过内部和外部客户满意度进行测量的,AQS提出了相应的量化指标,例如交付及时性、客户拒收率、商保成本、产品可靠性、一次通过率、工程更改量、各流程阶段产品缺陷率、报废量、返工率、复检率、误差、错误及瑕疵等。效率是通过生产产品需要的时间和资源来测量的,AQS给出的可测量指标有周期、平均每天检验/测试的次数、在制品的数量、制定文件需要的时间和人员数量、安全库存水平和单个产品成本。

AQS提出的绩效测量范围十分广泛,既包括高层级业务和经济的评估,也包括零部件和过程的评估,即对每一个层级的产品和过程都要进行评估。这样,通过AQS可以实现成本、进度、质量、客户满意度和利润等方面可测量的改进。

(二)注重运用科学方法和体系实施过程的波动管理

1. 将统计过程控制工作纳入质量管理体系

波音公司强调质量管理的实施要有科学的方法和措施来保证,将统计过程控制(SPC)工作纳入质量管理体系,在质量管理体系上构建过程控制方法体系,解决开展过程控制所需的组织机构程序和资源等问题。

2. 通过文件和手册给出波动控制的流程、方法和步骤

波音公司编制《先进质量体系》的一个主要目的就是提供减小质量特性波动的生产过程持续质量改进方法。AQS对波动的控制从客户需求开始,贯穿整个产品寿命周期,给出了减少关键特性波动控制的流程图,注重通过完善产品设计来控制波动,规定了实施质量管理采用的统计分析方法和工具的管理流程和工作流程,将全面质量管理使用的各种统计方法和工具系统化、程序化,将所有统计技术分析方法和工具汇总成册,说明每一种方法和工具的使用范围和使用条件,给出遇到问题时的解决途径;强调应从设计阶段就开始分析存在的波动,设计者应与客户和供应商共同合作,在需要的情况下

应成立综合产品组(Integrated Product Team, IPT),挖掘更多客户和设计的要求。

AQS强调通过控制关键特性和关键过程参数来实现对关键过程的控制,对波动的控制和降低工作主要分为三步:第一步,对过程和产品进行分析;第二步,通过控制关键特性和关键过程参数来实现对关键过程的控制;第三步,降低波动。在这个过程中,AQS详细说明了如何使用SPC工具来系统地进行改进。

(三)大力推行数字化制造和并行工程

1. 建立数字化研制和并行工程标准体系

波音公司在数字化研制与并行工程推广应用过程中形成了完整的标准体系。1997年,波音公司针对基于模型定义(全三维)数字化产品的研制模式,协助美国机械工程师协会(American Society of Mechanical Engineers, ASME)开始进行有关标准的研究和制定工作,于2003年上升为美国国家标准《数字化产品定义数据的实施》(Y14.41)。在该标准基础上,波音公司制定了公司的基于模型定义技术应用规范BDS-600系列标准。

波音公司还制定了D6-51991《供应商数字化产品定义质量保证》标准。该标准作为波音公司质量管理体系的补充,规定了供应商数字化数据系统控制要求,明确了波音供应商数字化产品定义质量保证/控制体系,编制了数字产品定义/基于模型的定义检查单,评估和确认供应商的数字化产品定义质量保证能力。

2. 工程中应用数字化研制实施并行设计制造

从波音737X到777的研制,波音公司实现了全过程的数字化定义、数字化预装配、并行设计、协同流程管理,建立了第一个全数字化飞机样机,开创了航空数字化制造的先河。在新一代"战神"(Ares)运载火箭的研制中,采用基于模型的定义和作业指导书,装配工期缩短了57%,将数字化制造推向制造现场的更深层次,从观念到技术使技术和制造实现了本质的飞跃。

波音公司在制定项目研制计划时,重点关注三个方面:一是在设计早期让客户广泛参与,以尽快确定产品的主要需求;二是在发放产品定义数据集前确保其正确性和适用性;三是通过协同工作确保信息和数据充分共享以及问题能够及时得以解决。

波音公司将数字化技术应用与并行"设计制造团队"(Design - Build Team, DBT)的组织形式相结合,在工程项目中建立大量的 DBT,贯穿设计、制造、交付、售后支持整个产品寿命周期。每个 DBT 集合了工程、制造、材料、客户服务、质量审核等方面的专家,一般情况下还包括供应商和客户代表。波音公司强调所有组内的成员必须在同一地点办公,以便于成员之间信息及时沟通。每个 DBT 是一个独立的项目团队组织,负责一部分功能(如电器、结构等)。这一组织方式取得了明显效果,设计发放以前便可以找到并消除大量的问题。

波音公司实施了并行产品定义(Concurrent Product Definition,CPD),这是一种把产品设计的相关过程,包括产品制造和支持服务集成在一起的系统工程方法。在研制项目中,由 DBT 共同进行产品定义。这里的设计包括产品设计和工艺、装配、检验和服务等方面的设计工作。

波音公司在研制过程中实施并行工程,大量使用数字化研制技术,包括数字化产品定义、数字化预装配、数字化工具定义,整个设计工序都没有采用传统的绘图方式,以确保成千上万的零件在制造昂贵实物原型前,就能清楚计算其设计是否稳妥。

(四)实施供应商管理

1. 制定了供应商管理标准

波音公司制定了一系列针对供应商的管理标准,最为重要的是发布了多版《波音对供应商质量管理体系要求》,将 AQS 的要求纳入该文件之中,并不断完善该文件。该文件明确要求供应商执行 ISO 9001 和 AS 9100 标准的要求,而且更侧重于后者。

2. 强化供应商的资格管理

波音公司对供应商提出,只承认由认可的认证机构按照 IAQG 要求所颁发的质量管理体系认证/注册文件。这里,"认可的认证机构"是指该认证机构必须使用经批准的审核员,并按 AS/EN/SJAC 9104《航空航天质量管理体系认证/注册要求》中规定的 IAQG 认证/注册方案进行认证,而且认证机构的服务协议规定了波音公司有权查询认证机构的所有记录。可见,波音公司与认证机构合作,采用国际组织规范化的 AS 9100 标准认证的方式,对供应商实施管理。

波音公司明确其软件的供应商质量管理体系应符合AS 9100要求，其软件质量管理体系要符合AS 9115要求；承担航空航天维修供应商应取得AS 9100认证；承担航空航天以及国防分销商应取得AS 9120认证，测试设备应取得美国实验室协会认证或国家标准化和技术认证。

波音公司明确向软件供应商提出应符合AS 9100质量管理体系可交付航空航天软件的补充——能力成熟度模型，指出应完成过程改进标准能力成熟度模型集成(Capability Maturity Model Integration，CMMI)评估分级的A级认证，应在规定时间内通过软件工程协会授权的评估员进行的CMMI 4级或以上等级的认证。

3. 把过程控制要求引入供应商

波音公司要求供应商控制过程中的波动，尤其是关键特性的波动。《波音对供应商质量管理体系要求》把关键特性波动管理作为重要内容，给出了关键特性波动管理的流程，包括关键特性的统计控制和能力分析、改进机会识别和改进措施实施的要求，范围涉及设计、开发、安装、采购和维修过程。波音公司对供应商明确提出，应保存所有过程的原始记录，其中测试的质量记录至少保存5年；应强化技术状态更改控制；应及时提交不合格项的根本原因分析及纠正措施报告；对关键特性采用统计过程控制或其他控制工具进行控制等。波音公司建立供应商信息传送网，要求供应商及时反映生产过程中的不合格情况，同时波音公司会对不合格情况做出快速的响应。

4. 帮助供应商应用技术方法

波音公司提供了《先进质量体系工具手册》、关键特性波动管理评估工具等一系列质量管理工具，还制定了《波音公司供应商数字化产品定义质量保证标准》《波音对供应商质量管理体系的要求》《供应商不合格品指南》等标准和要求，将质量与可靠性技术方法汇编成册，提供给供应商，帮助供应商使用这些标准以提高其相关能力，从成本、交付期、质量、浪费情况、客户满意度和利润几个方面实现可测量的改进。

5. 建立供应商绩效测量体系和监督管理体系

为了更有效地激励供应商不断提高管理水平和产品质量，波音公司建立了供应商绩效测量体系和监督管理体系，对供应商的绩效从质量、交付期和总体绩效三个方面进行评分,实现了可量化的绩效测量。波音公司供应商绩效促进委员会有权对供应商的绩效进行评价,并督促改进。波音公司对供应商进行全面、系统的监督评估,包括产品评估(Product Assessment,PA)、质量过程评估(Quality Process Assessment,QPA)和制造过程评估(Manufacture Process Assessment,MPA)。评估活动为提高和改进供应商质量管理体系及其支持过程识别出了机会。

6. 在供应商管理中引入卓越绩效模式

波音公司设立了波音卓越绩效奖,绩效测量的结果为供应商进行波音卓越绩效奖评选提供了依据,有效促进了供应商质量管理水平达到卓越。波音公司注重通过与供应商建立长期的、紧密的业务关系,并通过对双方自愿和竞争优势的整合来共同开拓市场,扩大市场需求和份额,降低产品前期居高不下的成本,实现"双赢"。

三、AQS 实施流程

AQS是一套可用于设计、生产、检验及测试,同时也可用于开发及业务流程的产品和过程改进系统,其目标是在成本、周期、质量、减少浪费、客户满意度和利润方面实现可衡量的改进。AQS 从确定产品的关键特性开始,通过系统地改良产品、解决问题和减少波动,产品可以得到持续的改进,具体流程如图2-2所示。

AQS 流程主要包含三个部分,分别是明确体系要求、实施改进计划并减少关键特性波动、设计中的波动管理。

明确体系要求包括:

- 建立持续改进体系并用文件记录。
- 形成绩效指标。
- 分析产品和过程以确定绩效指标,并实施计划来影响绩效指标。
- 针对改进活动,开展周期性的管理评审。

实施改进计划并减少过程波动包括:

- 实施影响绩效指标,提供持续改进的计划。
- 减少关键特性波动。

设计中的波动管理主要是管理产品和过程设计中的波动。

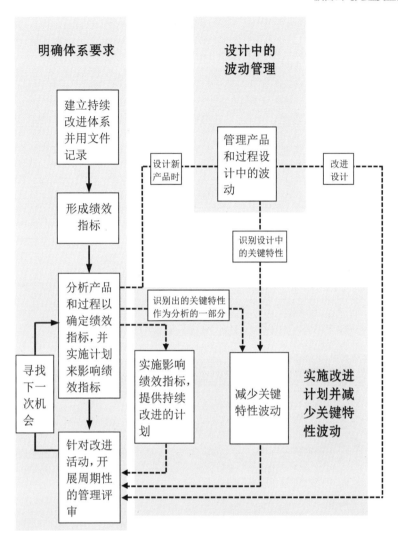

▲ 图 2-2　AQS 持续改进流程

(一)明确体系要求

1. 建立持续改进体系并用文件记录

为了保证持续改进体系的有效性,波音公司在该体系中加入了多种要素,包括有丰富知识的人、参与式管理、自上而下的战略规划、定义清晰并被充分理解的程序、纠正和预防措施系统、终身学习、与价值关联的持续改进、持续改进过程的文件记录、与业务计划挂钩、有效的内审计划。

(1) 有丰富知识的人

负责实施持续改进体系的人员应具备丰富的知识和经验,而且还要有开展必要工作的授权。人员数量要足够完成工作目标。持续改进体系应是他们的主责而不是兼职。

(2) 参与式管理

顶层管理人员要掌握持续改进工具的相关知识。他们不仅要负责设定改进体系的有效性总目标,而且还要根据质量方针中规定的各项目标以及设定的改进目标的状态对流程进行审查。此外,在管理评审中,还要对波音公司及其客户收到的评价进行评审。

(3) 自上而下的战略规划

对持续改进工作的规划要从组织顶层开始,然后以战略方式自上而下推进。至于为实现客户满意度、满足体系要求及已设定的目标,需要什么样的资源,这项规划则要在合同评审中进行评审。

(4) 定义清晰并被充分理解的程序

将改进体系的程序形成文件,供相关负责人员使用。在文件中要明确相关程序的定义,帮助相关负责人员充分了解。

(5) 纠正和预防措施系统

一个设计优良的改进体系应包含一套结构化的根本原因分析方法,可以引导形成稳定持久的纠正和预防措施。

(6) 终身学习

为了实现设定的改进目标,要对各级人员(包括各级管理人员)进行改进工具使用的培训。此外,还要进行相应的熟练度测试,并将测试办法形成文件。

(7) 与价值关联的持续改进

对所有改进工作制订经常性的财务评审计划,对所有改进工作的成本和效益进行评估,使用评估结果指导改进工作。

(8) 持续改进过程的文件记录

有些持续改进体系虽然本身很好,但是由于仅依赖于一两名人员执行,当这些执行人员晋升、换岗或离职后,该体系就无法执行下去。因此,要将持续改进过程形成文件,以保证能够持续执行下去。

（9）与业务计划挂钩

持续改进体系不仅要符合公司的长期目标，而且要与公司的质量和业务体系相匹配。

（10）有效的内审计划

为了保证改进体系有效运行，必须进行定期审核。通过对体系进行有效的内审，可以确定所需的预防和纠正措施，从而最终确保体系的运行。

2. 形成绩效指标

绩效指标是一种量化评估，可用于对业务或工作流程中的条件、状态、有效性或更改进行评估。绩效指标不仅包括高级的业务指标和经济指标，也包括部分指标及流程指标，如利润、成本及资产利用率、报废率、返工率、周期、库存等。绩效指标具有如下特点：

- 应能够启动并确定后续工作。
- 要与质量使命、战略和措施相关。
- 成为流程内相关人员、客户、管理人员、基层工作人员的沟通工具。
- 应能够用于确定已完成的工作。
- 应涵盖组织的所有层级，并在各层级间形成链接。
- 要以客户为中心。
- 要与内部工作流程关联，此处所指的内部工作流程是指以降低成本，减少浪费，促进协同、团队合作和创新，提升客户满意度为目的的内部工作流程。
- 应形成随时间推移的发展趋势图。
- 应能够给出导致问题的原因，向决策者和问题解决者提供支持。
- 应能够用于发现非生产性改进项目。
- 应有助于管理、改进和控制。

通过改进绩效测量，管理人员更便于决策、确定需改进的地方、分配资源、控制流程，以及保证客户满意等。此外，还可帮助管理人员了解现实情况，以及是否正朝着实现组织目标的方向迈进。

那么如何才能确定绩效指标呢？按照波音公司在先进质量体系中的做法，绩效指标要反映有效性和效率两个方面的内容。有效性通过内部或外部的客户满意度进行衡量。外部指标可包括交付及时性、客户拒收率、商保成本和产品可靠性等方面。内部有效性指标可包括一次通过率、流通产出率、工程更改量、及时性、产品缺陷、报废量、返工率、复检率、误差、错误及瑕疵数量等方面。效率可以从产品生产所需的时间和资源这两个方面进行衡量,比如周期、日检验/测试次数、在制品数量、完成某书面流程所需的人数或时间、备用库存、单位成本等。

无论是对有效性还是对效率的测量,最终都会牵扯到业务和经济指标,而且只要有可能,就要将质量改进转换为经济指标。当然,许多质量改进因素是不能直接测量的(例如声誉、新商机、客户忠诚度等)。从商业的角度来看,有些改进工作可能有其价值,同时也可以测量,但是却不一定能够与研发支出这样的基础指标挂钩。

绩效指标的开发应该使用自上而下的方法,也就是说,首先应制定以客户为导向的高层级指标,然后依次向下分解至生产单位,每一层级的绩效指标对上一层级的绩效指标形成支持。不过,每一层级的绩效指标在数量上要有所限制,不能过度控制改进工作。

3. 分析产品和过程以确定绩效指标,并实施计划来影响绩效指标

供应商应对其产品和过程进行分析,据此来确定并实施改进措施,以便对上文所述的绩效指标产生积极影响。在满足这一要求的过程中,要对关键特性和所有的流程改进工具给予适当的考虑。

在对产品及配套流程进行深入分析时,应使用波音公司的工具进行系统分析。典型的工具包括:进行团队头脑风暴,将生产流程制成流程图,收集生产数据,收集工程信息,进行风险分析等。此外,还可以使用价值流程图这样的手段来辅助修正对改进时机的识别以及确定改进时机的优先次序。

对流程和产品进行系统分析后,就需要确定相关的改进活动和计划。这项工作涉及的内容主要包括五个方面,即选择改进活动、充分利用改进结果、使用结构化方法、标注关键特性、形成改进计划的文件记录。

(1)选择改进活动

在系统分析流程和产品后,供应商据此确定改进活动和计划,并对这些改进活动和计划进行先后排序。改进计划关注的重点是对影响供应商及其客户的流程的改进。所有改进都需要通过绩效指标来体现,如果绩效指标体系

构建得好，有时可直接产生具体的改进计划。此外，还可以使用一些"诱发因素"来帮助确定需改进的领域，比如报废、修理、返工、复检、组装问题、生产率低、缺货、客户投诉等。

（2）充分利用改进结果

根据经验，在解决问题并采取改进措施之后，同样或类似的改进也可应用于供应商的其他方面。系统地利用以往的改进经验，才能够充分体现出这些改进的价值。

（3）使用结构化方法

改进计划应使用合理的结构化方法，避免使用"救火"式办法，必须使用能够找到根本原因的分析方法和长久性的解决方案。从长期发展的角度来看，相应的结构化方法能够降低成本、提升质量、提高客户满意度。

（4）标注关键特性

用结构化方法开展流程和产品分析的结果往往是识别出其波动对公司或客户不利的产品特性、流程特性或流程参数。因此，供应商需要将这些特性或参数标注为关键特性/参数。

（5）形成改进计划的文件记录

供应商需要对改进时机和改进活动的所有相关信息进行记录。为了提升改进计划的成功概率，每个改进团队都应该按照标准流程进行，避免采用"救火"式的改进方法。此外，还应该使用标准的文件格式来开展管理评审。

4. 针对改进活动，开展周期性的管理评审

对于这些改进活动，供应商应开展周期性的管理评审，同时要关注绩效指标的作用，必要时还需对这些改进活动进行调整。

波音公司之所以要求供应商开展周期性的管理评审工作，是由于在AQS的核心要素中，最重要的就是在持续改进中融入管理，并确保管理的主导性。对于产品质量来说，虽然实际上由流程负责方决定，但是一支强有力的、能够融入持续改进的管理队伍对于实现最终的改进也是至关重要的。正是他们制定了改进预期，并在持续改进中起到了主导作用。一般来说，主动管理应该具备以下特点：

- 在关注改进活动的同时，能容忍不好的结果。

- 管理者中要有人清楚改进项目的具体信息。
- 管理者中要有人清楚各种持续改进工具及其使用方法。
- 利用数据和事实,使用测量系统对流程和结果进行跟踪。
- 就项目进展定期举行正式例会。
- 同项目成员举行非正式会议。
- 将持续改进与"业务运营"相整合。
- 具备为新项目提供资源的充分权利。
- 有权改变或停止未能得到预期结果的项目。

改进活动会涉及诸多事项,如方向制定、绩效指标建立与监控、问题及更改预期、事实与数据应用、改进活动评审与管理、资源优先配置、问题分解等,这些都需要通过管理评审的方式来开展。

(二)实施改进计划并减少关键特性波动

在对产品和流程进行分析并确定改进计划后,就需要按照严格的工作流程,执行影响绩效指标的工作计划,而且还需要提供持续的改进,如图2-3所示。

同时,还需减少关键特性的波动。减少关键特性波动主要是使用一些方法对关键特性进行控制。按照波音公司先进质量体系,控制办法主要有四种,即使用统计过程控制(SPC)、设计制造工装、执行标准流程和采取防错措施。

1. 使用统计过程控制

统计过程控制是一种用于对波动进行测量、绘图、跟踪和管理的综合性方法。使用统计过程控制图表并开展相应的工作,可以帮助确定波动的具体原因,消除导致问题的根源,从而保证过程的稳定和可预测。统计过程控制图表是用于确定过程改变的重要工具。

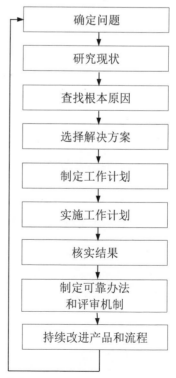

▲ 图2-3 工作计划处理流程

除了统计过程控制图表外,还可以使用能力分析来帮助确保过程与产品生产之间的最小波动。流程稳定后,通过能力分析可以减少一般原因引起的波动,从而使产品不仅可以满足工程规范,而且还能实现最小波动水平,在经济上获益。减少一般原因引起的波动的工具有头脑风暴、结构树形图、流程图等。

进行统计过程控制的步骤如下:

- 确定测量关键特性的流程步骤。
- 确定待分析数据的类型。
- 选择恰当的控制图表。
- 选择控制图表的子组规模和抽样频率。
- 对过程数据进行收集并制图。
- 计算恰当的控制限度。
- 确定失控点,并采取纠正措施来消除问题根源。
- 确定过程中产生波动的主要源头,然后减少或消除这些主要源头。
- 计算过程能力指标。
- 在必要的情况下,继续减少波动。

2. 设计制造工装

有时也可以使用工装作为一种方法来保证产品的一致性和过程的稳定性。此时,必须进行测量来验证因使用工装而带来的一致性和稳定性。工装的设计和制造应考虑两个方面。

一是在对工装工具进行设计和制造时,要以减小零件生产各阶段的波动为目标。要实现该目标,就需要在特定的一些流程内对尽可能减小波动,同时减少因使用各项工具产生的波动量。

二是工装的设计和制造是为了便于收集各关键特性的变量测量值,因此应开发出一些方法来把零件指标反映到工具上,以便于获得关键特性的测量值。

3. 执行标准流程

标准流程是指已经制定并形成文件,要求遵照执行,同时又被认为是当前最佳的办法。执行标准流程是减少波动的一种最佳办法。标准流程说明中应包含机械设置、操作、工作方法等。如果没有标准的可重复使用的流程,那么要确定根本原因几乎是不可能的。在实际操作中,可以通过团队协作、文件记录、人员培训、绩效测量这几种手段来实现流程的标准化。实现的方法有可视化管理、产品或流程的价值流分析和图析、设置流程缩减活动或程序、制造流程优化、从跨职能的团队成员处获取输入、使用类似产品或流程的经验教训等。

执行标准流程可带来诸多好处,如减少不同员工之间形成的差异、节约时间、降低返工率和报废率,实现更顺畅的沟通,获得发现异常情况的能力。在形成标准流程后,如果能够通过绩效数据对其进行验证,那么就可以认为这个标准流程是一个可靠的流程。

4. 采取防错措施

在波动控制的数种方法中,防错是最简单、最常用的一种方法。防错的目标就是避免发生波动,使用的方法通常是物理性方法,例如在配套组件的零件和工具上使用彩色编码进行编号,在对合部件上一边用突起、一边用凹槽,以及其他大小、方向控制手段等。

采取防错措施的好处是可以降低产品交付的拒收率,提高产品质量,提升客户满意度。此外,还可以降低因技能培训、返工、报废等产生的成本。

(三)设计中的波动管理

按照波音公司《先进质量体系指南》,开展设计中的波动管理可遵循六条策略。

1. 在整个设计过程中,通过客户/供应商的工作开展设计中的波动管理

在该项波动管理的策略中,首先就是要针对参与设计中波动管理的所有客户和供应商,绘制一个完整的关系图,如图2-4所示;其次是形成沟通计划,沟通计划中应考虑参与整个设计流程的所有客户和供应商。

客户和供应商之间的关系不仅是质量体系的基础,同时也是影响设计中波动管理的重要因素。在设计工作中,设计团队可能会错误地认为客户就是一个采购产品的公司,供应商就是一个提供原材料、部件或组件的公司。这种对客户/供应商关系的认识,就极大地限制了在设计中对波动的有效管理。

因此,设计团队就要相应地对客户和供应商的定义进行扩展。在客户的定义上,就不能仅仅局限于采购客户,还要包括参与设计的各个工厂。因此,设计团队的客户就包括设计团队所属公司、客户公司和供应商公司。在供应商的定义上,也需要进行类似的扩展,组件的制造单位、设计单位对于类似波音公司这样的总体单位而言,也要作为供应商。

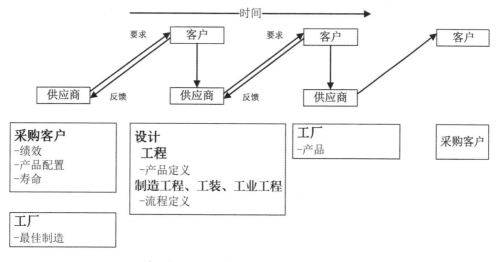

▲ 图2-4 设计流程中客户/供应商的关系

2. 从可交付的成品开始，使用自上而下的方法确定客户要求和关键特性

在各设计要求中基本都会有一个受波动影响的属性或关键特性，而对于这种属性或关键特性，需要通过稳妥的设计或流程控制对其进行确定和控制。为了能够确定易受波动影响的一些要素，就非常有必要使用流程从所有潜在客户处获得成品要求。

获得这些成品要求后，对其进行解释和转换，并在产品和流程定义中进行记录。当认为波动对客户的要求产生严重影响时，就将受波动影响的属性或特征在产品定义中确定为关键特性。最后将客户需求和获得的关键特性下发至能够对其进行最佳处理和控制的层级上，如图2-5所示。由于在设计中就包含了工程产品定义和制造过程说明，因此在流程文件中还必须对关键特性进行说明。

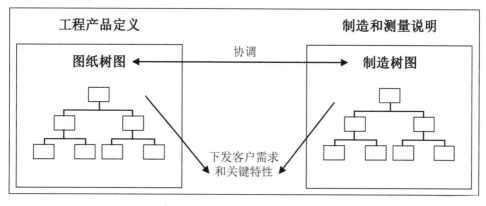

▲ 图2-5 下发客户需求和关键特性

供应商至少要能够给出具体要求和上级设计特性之间的关系。在进行详细设计前,要向客户汇报对其需求的理解和分解,并征得客户同意。世界级的供应商一般都会为了消除壁垒而与客户协同工作。这样做的好处在于更好地理解客户需求,同时在整个产品和流程设计的成本和质量方面获得重大改进。

3. 设计(图纸树)应涵盖制造和装配流程(制造树)的所有阶段

为了使设计成果能够转换为生产实物,图纸树应能够反映制造流程(制造树)中涉及制造、装配和功能性测试的各个阶段。如果能够按照这个办法执行,那么就可以保证所有的客户要求和关键特性能够通过产品和流程的完整定义真正地得以分解。此外,通过该方法还能获得并记录一定的数据和公差,这些数据和公差可用于制造、测量和检验等后续工作。最后,对制造和装配流程的各个阶段进行定义还可用于形成恰当的制造说明,减小流程导致的波动,如图2-6所示。

如果无法获得匹配制造树中各要素的图纸或数据集,那么就要编制一份参考图纸,图纸中标注该制造点的所有零件。参考图纸中要包括功能数据、公差、测试要求。对于相对较大的项目,可能需要向多个设计组收集数据。如果在该制造点需要同时将结构部件和系统部件组装到一起,那么与该制造点相关的各个设计组就要合作完成参考图纸的绘制。

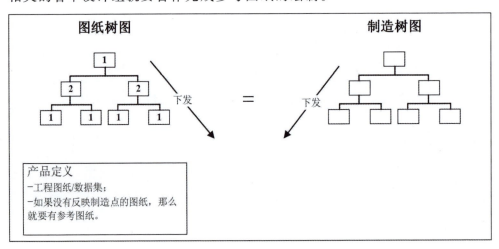

▲ 图2-6 图纸树应与制造树匹配

在这一方面,最低要求是图纸树要与制造树相匹配。对于世界级的供应商而言,他们关注的是流程能够确保图纸树和制造树相匹配,目标是避免为了与制造树相匹配,事后再对图纸树进行修改。总之,无论最终使用了哪种流程,都应该形成一致的设计和制造定义。

4. 产品设计的基准点应体现产品制造、装配、使用和功能测试的方式

作为对上述三方面要求的补充,对逻辑设计基准点的要求可分为两方面。

首先是特定制造点的产品基准点要与相应的生产指标相匹配,这个概念也称作功能基准化。不过,虽然它是一项基本要求,但人们却经常不遵从这项要求,而这么做的后果就是公差会发生累积性增加,同时制造点上监控到的波动也不能与客户体验到的产品波动相匹配。同时,如果要保证交付给客户的产品质量不受影响,那么就要在改进产品特性上浪费大量时间。

其次是基准点要与通过图纸树/制造树下发的功能性生产特征相关联。理想情况下,从安装件到部件再到零件这整个过程中均使用相同的特征就可以确保这一点。不过,由于在图纸树和制造树的较低层级上各部件和具体零件是不相互关联的,因此就不得不挑选不同特征作为基准点或指标。所以,要实现基准点或指标的功能分解,就要使用关键特性来关联各基准点,如图2-7所示。

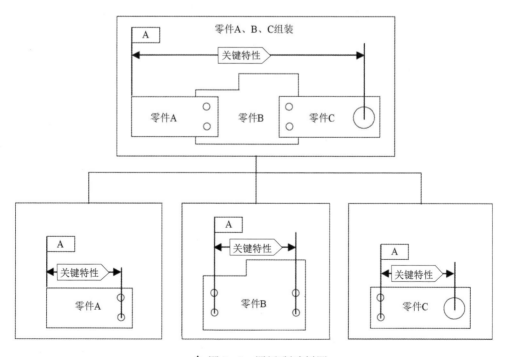

▲ 图2-7 图纸/制造树图

图 2-7 给出了从零件到零件的要求、基准点、指标的分解过程,以及使用关键特性对基准点进行功能性定位的情况。在图中上方的制造点,部件 A、B、C 中的零件 A 的基准点 A(指标)的功能分解到左下方制造点中具体零件 A 的基准点 A(指标)上,但部件的功能基准点不向具体零件 B 分解。零件 B 有其自身的功能基准点(指标),其基准点要根据零件 B 在部件中的用途来确定。零件 A 的关键特性就是从功能上关联两个基准点的接口,也是为了降低组件波动所必须控制的一个特征。

5. 在考虑过程能力时,要把工程公差分配到各级部件和单个零件上

这一要求的用意是,为了得到稳妥的设计,要将制造过程能力纳入考虑范围之内。另一流行的工业理念——面向制造和装配的设计,其核心也是关注制造过程能力。在这两种概念下,如果设计不考虑制造流程能力,那么有可能意外导致最后定义的公差要求比流程能力实际可实现的公差更为严格。对于这一问题,在制造或装配上无论做多少工作也都是无法克服的。随之而来的是,会不可避免地出现缺陷、装配问题和检验工作量增加等问题,单位成本也将随之高于预期。

第 3 条策略可帮助确保设计涵盖了制造流程的所有阶段。在执行这一要求时,要先形成各制造层级的制造计划,然后再与设计相匹配。使用该制造计划,以及第 2 条策略中的制造树有助于分解制造和设计要求。然后当各个受影响的制造点的人员审查要求、相应公差以及能否经济地实现这些要求和公差时,第 5 条策略就可以发挥作用了。如果不能以较低的成本满足这些要求,那么就重新制订制造计划,重新设计。

第 2 条策略中已经确定了客户对工厂的要求,第 5 条策略在执行时必须与第 2 条策略一致,而且还要尽可能地在分配公差上与制造流程能力相匹配。在极少数情况下,制造流程能力可能无法与客户要求的公差相匹配。出现这种情况时,一定要遵守的一条原则是:要根据客户要求确定公差,而不能按照制造流程能力来确定公差。要想办法来改进制造流程或是创建能够满足客户要求的新流程。

6. 在设计工作中,要制订制造说明,确保形成标准制造流程

前几条策略的目的主要是使产品定义尽可能不受波动的影响,而在生产

工厂这一环节对波动进行控制的关键是严格执行稳定的制造流程。

这一条要求是为了确保制造说明能够保持稳定，实现的途径就是与设计工作同时制订生产说明。设计工作包括产品定义（工程图纸/数据）、工装设计、设施设计、人员及设备认证要求、设备维护计划、制造计划和计量计划（包括功能测试）。设计工作范围内涵盖的所有这些内容都必须纳入产品和制造流程的设计工作中，并在设计工作中进行协调，从而获得质量稳定和具有成本效益的产品，以符合或超过客户的预期。

标准制造流程的目标就是减少因对工作说明的理解偏差而导致的波动。要获得最优制造流程就要在设计阶段和制造阶段的持续改进中形成互动机制。要确保制造流程的标准化，建议的方法是将与制造树相关的所有制造定义以手册或电子文档的形式组织到一处。至少要做到制造树上各制造点的制造定义要包括制造流程、制造计划、工装计划和计量计划，以及其他有用的信息，如沟通计划、培训和认证计划、制造点的生产与流程验收计划、产品运输计划等。

沟通计划对于确保客户满意度和应对工作中的不一致情况尤其重要。通常，与某一特性相关的客户不是下一层级的制造点，而是相隔好几个制造点，这种情况在系统工程中非常普遍。因此，就需要在计量计划和沟通计划中确定各关键特性的客户。

在计量计划和沟通计划与树形图上下综合后，如有更改情况，必须与产品设计师进行沟通，以确保设计和流程保持统一，如图2-8所示。制造说明也要随产品和流程设计的变更而进行修改，目的是确保制造说明能够反映整个综合性计划。此外，还需要对制造说明进行细化。

这一方面的最低要求是制造和产品定义流程之间要有沟通和优化。必须将一体化的产品和流程设计转化为能够帮助完成计划并向客户提供信息的工作说明，而且必须要以容易理解和容易上手的方式来提供，从而避免对一体化的产品和流程设计表述不清或理解不当导致产品质量出现波动。供应商如果能从其工厂的其他项目中吸取流程标准化工作方面的经验教训，那么其受益将超出上述好处。

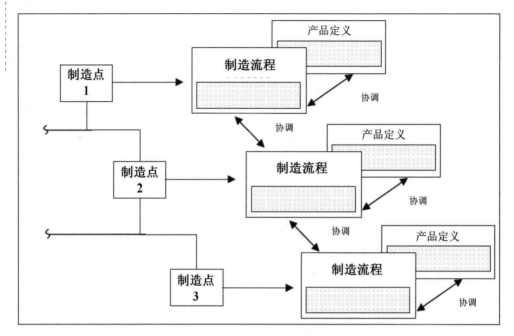

▲ 图 2-8　沟通协调树形图

第三节　供应商管理

波音公司的供应商遍布世界各地,为了有效控制外协产品的质量,波音公司不仅在公司内部实行 AQS,还将内部的一些标准扩展到供应商,向各级供应商传达规范、统一的要求。另外,波音公司为供应商提供了相应的质量管理工具,如先进质量体系工具手册、关键特性波动管理评估工具,并建立了供应商绩效测量体系以及监督过程,对供应商进行系统管理。

一、相关文件和标准

总体上看,波音公司的质量管理相关文件和标准将 AS 9100 系列标准的要求与波音公司自身质量管理实践相结合,形成了适用于波音公司的质量管理文件和标准体系。

AS 9100《航空航天和国防组织的质量管理体系要求》是在 ISO 9001 质量体系要求基础上开发的航空航天标准,其中加入了针对航空航天行业所制订的有关质量体系的附件要求,以满足美国国防部(United States Department of

Defense, DoD)、美国国家航空航天局(National Aeronautics and Space Administration, NASA)以及美国联邦航空管理局(FAA)等监管机构的质量要求。这一系列的标准旨在为航空航天行业建立统一的质量管理体系要求。

为了保持产品与过程稳定长久的改进，提升客户满意度，波音公司采用《波音对供应商质量管理体系要求》(D6-82479)来规定其对供应商质量体系的要求。该文件包括5个引用AS 9100系列标准的要求(分别是附件A、C、D和附录1、附录2,附件B已被废除)，描述了对供应商质量管理体系的详细要求，而具体使用条款需要在合同中约定。该文件是对波音公司与供应商之间的合同以及相关法律条款的补充，而非替代。除了符合文件中的要求，供应商还需要确保波音公司的质量管理体系中不适用自身质量管理体系的部分，不与波音公司的采购需求和认证范围发生冲突。

除了D6-82479文件以外，波音公司还对首件检验和外来物损伤等其他质量管理内容进行了要求。

(一)航空航天和国防组织的质量管理体系要求

按照D6-82479《波音对供应商质量管理体系要求》的附件A，波音公司根据AS 9100标准(包括且不限于AS/EN/JISQ 9100标准的所有要求)描述了为波音公司的供应商制定的质量管理体系要求。供应商包括设计、开发和制造航空航天和国防产品的供应商，还包括提供售后支持服务的供应商，例如提供维修服务、产品备件或原材料的供应商。

附件A要求供应商必须取得由IAQG的OASIS数据库列入的认证机构授予的AS 9100标准认证。取得波音公司授予的维护、维修和大修(Maintenance, Repair or Overhaul, MRO)合同的供应商，其AS 9100标准认证必须包含相关认证机构的维修机构/维修过程评估报告。

AS 9100标准适用于设计、开发、提供航空航天、国防产品和服务，以及提供售后服务的组织，包括为自己的产品提供维修、备件或材料的组织。

AS 9100标准鼓励在建立、实施质量管理体系以及改进其有效性时采用过程方法，满足客户要求，提高客户满意度。为了使组织能够高效运行，必须确定和管理众多相互关联的活动。通过使用资源和管理资源，将输入转化为输出的一项或一组活动，可以视为一个过程。通常，一个过程的输出会直接形成下一个过程的输入。为了产生期望的结果,由过程组成的系统在组织内的应用,连同这些过程的识别和相互作用,以及对这些过程的管理,可称为"过程方法"。过程方法的优点是能够对过程系统中单个过程之间的联系以及过程的组合和相互作用进行连续的控制。

图2-9所反映的以过程为基础的质量管理体系模式展示了AS 9100标准中所描述的过程联系。可以看到,在规定输入要求时,客户发挥着重要的作用。组织应当对客户的感受进行评估,实现对客户满意情况的监控。

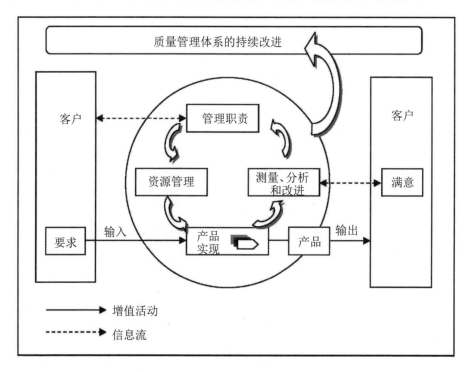

▲ 图2-9 以过程为基础的质量管理体系模式

1. AS 9100标准的总要求

组织应按AS 9100标准的要求建立质量管理体系,将其形成文件,加以实施和保持,并持续改进其有效性。

组织必须:

- 确定质量管理体系所需的过程及其在组织中的应用。
- 确定这些过程的顺序和相互作用。
- 确定所需的准则和方法,以确保这些过程的运行和有效控制。

- 确保可以获得必要的资源和信息,以支持这些过程的运行和监视。
- 监视、测量(适用时)和分析这些过程。
- 实施必要的措施,以实现所策划的结果和对这些过程的持续改进。

除上述要求外,组织如果选择将影响产品符合要求的任何过程外包,应确保对这些过程的控制。对此类外包过程控制的类型和程度应在质量管理体系中加以规定。

2. AS 9100 标准的文件要求

质量管理体系文件必须包含:
- 形成文件的质量方针和质量目标。
- 质量手册。
- 该标准所要求的形成文件的程序。
- 组织为确保其过程的有效计划、运行和控制所需的文件,包括记录。

3. AS 9100 标准的其他要求

AS 9100 标准中包含的其他要求如下:
- 明确管理职责,做好资源管理(物质资源和人力资源)。
- 产生产品的过程(包括与客户沟通,设计与开发,采购,生产和服务等)。
- 对产品进行测量、分析和改进。

(二)航空维修机构的质量管理体系要求

按照 D6-82479《波音对供应商质量管理体系要求》的附件 C,波音公司根据 AS 9110《航空维修机构的质量管理体系要求》(包括且不限于 AS/EN/JISQ 9110 标准的所有要求)描述了为波音公司的维修供应商制定的质量管理体系要求。提供航空维修服务的供应商必须取得由 IAQG 的 OASIS 数据库列入的认证机构授予的 AS 9110 标准认证。

许多飞机组件的设计和制造使用寿命可以达 50 年甚至更长,因为使用寿命较长,所以在航空航天工业中,合理的维护、维修和大修(MRO)对于飞机持续安全的飞行至关重要。

AS 9110 标准适用于为商用和军用航空项目和产品提供维修或持续适航管理服务,以及独立进行 MRO 操作,或者提供明显不同于原始设备生产商产品的服务。AS 9110 标准为提供商业、私人和军用飞机 MRO 服务的企业设定了参照标准。这一标准也适用于生产飞机零部件并寻求获得 FAA 零部件生产批准(Parts Manufacturer Approval,PMA)的企业。AS 9110 标准不是对其他监管和合同要求的替代,而是必要补充。

AS 9110 标准以 ISO 9001 标准为基础,另外加上近 100 项专门针对航天航空 MRO 行业的要求,为供应商提供了一个全面的质量体系,其关注重点是直接影响产品安全性和可靠性的领域。例如,阐明民航当局有关部门的要求以及在标准中适用的地方;阐明专用于 MRO 行业的定义,如维护、技术数据、人为因素;包括对执行 MRO 任务的人员要求。

与 AS 9100 标准一样,AS 9110 标准也鼓励在建立、实施质量管理体系以及改进其有效性时采用过程方法,满足客户要求,提高客户满意度。为使组织有效运行,必须确定和管理众多相互关联的活动。

1. AS 9110 标准的总要求

组织应按 AS 9110 标准的要求建立质量管理体系,将其形成文件,加以实施和保持,并持续改进其有效性。维修组织应获得并保持必要的质量管理体系批准书,以及法律法规要求的其他任何批准书、认证、评级、执照和许可。组织的质量管理体系应包括客户、适用的法律以及管理当局的要求。

组织应:

- 确定质量管理体系所需的过程及其在组织中的应用。
- 确定这些过程的顺序和相互作用。
- 确定所需的准则和方法,以确保这些过程的运行和控制有效。
- 确保可以获得必要的资源和信息,以支持这些过程的运行和监管。
- 监管、测量(适用时)和分析这些过程。
- 实施必要的措施,以实现预期结果和对这些过程的持续改进。

除上述要求外,组织如果选择将影响产品一致性要求的任何过程外包,则应确保对这些过程的控制。对此类外包过程进行控制的类型和程度应在质量管理体系中加以规定。

2. AS 9110 标准的文件要求

质量管理体系文件必须包含:

- 质量方针和质量目标,并形成文件。

- 质量手册。
- AS 9110标准所要求的需要形成文件的程序。
- 组织为确保其过程的有效计划、运行和控制所需的文件,包括记录。

3. AS 9110标准的其他要求

AS 9110标准中包含的其他要求如下:

- 明确管理职责,做好资源管理(物质资源和人力资源)。
- 产生产品的过程(包括与客户沟通,设计与开发,采购,生产和服务等)。
- 对产品进行测量、分析和改进。

(三)航空航天和国防分销商的质量管理体系要求

按照D6-82479《波音对供应商质量管理体系要求》的附件D,波音公司根据AS 9120《航空航天和国防分销商的质量管理体系要求》(包括且不限于AS/EN/JISQ 9120标准的所有要求)描述了为波音公司的分销商制定的质量管理体系要求。这类供应商是航空航天和国防产品分销商,负责进行产品的转售、入库和分销,但不能改变原始设备制造商的产品特征。

该附件要求供应商必须取得由IAQG的OASIS数据库列入的认证机构授予的AS 9120标准认证。

AS 9120标准是为与原始设备制造商合作的经销商和供应商(即分销商)而制定的。该标准侧重于产品的安全性和可靠性,涉及关键产品性能、规范和适航性。该标准覆盖产销监管链、可追溯性、库存控制以及记录的可用性。

1. AS 9120标准的总要求

AS 9120标准的总要求包括:

- 组织应确定与其目标和战略方向相关并影响其实现质量管理体系预期结果的各种外部和内部因素,并对这些内部和外部因素的相关信息进行监控和评审。
- 由于相关方可能影响组织持续提供符合客户要求和适用法律法规要求的产品和服务的能力,因此,组织应确定与质量管理体系有关的相关方和这些相关方的要求。
- 应明确质量管理体系的边界和适用性,确定其范围,如果该标准的全部要求适用于组织确定的质量管理体系范围,则组织应实施该标准的全部要求。

• 应按该标准的要求，建立、实施、保持和持续改进质量管理体系，包括所需过程及其相互作用，在必要的程度上，组织应形成文件以支持过程运行，并保留文件以确保其过程按计划进行。

2. 领导作用和承诺

最高管理者应通过以下方面，证实其对质量管理体系的领导作用和承诺：

• 对质量管理体系的有效性负责。

• 确保所制定质量管理体系的质量方针和质量目标，并与组织的环境相适应，与战略方向相一致。

• 确保质量管理体系要求融入组织的业务过程。

• 促进使用过程方法和基于风险的思维。

• 确保质量管理体系所需的资源是可获得的。

• 传达有效的质量管理和符合质量管理体系要求的重要性。

• 确保质量管理体系实现其预期结果。

• 促使人员积极参与质量管理，指导和支持他们为质量管理体系的有效性做出贡献。

• 推动改进。

• 支持其他相关管理者在其职责范围内发挥领导作用。

3. AS 9120 标准的其他要求

AS 9120 标准中包含的其他要求如下：

• 策划应对风险和机遇的措施，针对相关职能、层级和质量管理体系所需的过程建立质量目标。

• 确定并提供所需的资源（物质资源和人力资源），以建立、实施、保持和持续改进质量管理体系。

• 应建立、实施和保持适当的设计和开发过程，以确保提供后续的产品和服务。

• 应做好监控、测量、分析和评价。

• 采取必要措施，以满足客户要求和提高客户满意度。

（四）关键特性波动管理要求

按照 D6-82479《波音对供应商质量管理体系要求》的附录 1，波音公司根据 AS 9103 标准（包括且不限于 AS/EN/JISQ 9103 标准的所有要求）规定了关键特性波动的管理流程,包括关键特性过程控制和能力要求。

供应商应按照 AS 9103 标准实施关键特性波动管理,保持有效的波动管理体系。如果难以满足,或需要付出高昂代价才能满足 AS 9103 标准第五部分中的"稳定性"和"能力"要求,则供应商必须形成文件,并获得波音公司批准。

关键特性的波动对产品的装配、性能、使用寿命或可制造性会产生重大影响。零件、组件或系统的关键特性即选定的几何特性、材料属性、功能和/或装饰特性。这些特性是可测量的,其波动控制对于满足客户要求、提高客户满意度是必要的。过程的关键特性是所选取的可测量的过程参数,控制这些过程参数对于零件或系统的关键特性波动管理是必要的。如果由客户定义的关键特性在生产过程中不容易测量,而且为了保证符合性可能需要控制其他特性时,可以选择其他替代的关键特性。

AS 9103 标准通过充分策划以及对关键特性波动的有效管理来推动制造过程的改进。关键特性主要用于提高对零件特性的信心,这些特性的波动对最终产品的形成、装配、性能、使用寿命和可制造性具有重大影响。

AS 9103 标准主要针对新制零部件,也适用于在制零部件。AS 9103 标准适用于部件及部件中所有层次的零件,包括铸件和锻件,并适用于负责实现产品设计特性的组织。各生产方及其供应商应负责将该标准的适用版本的要求向下传递到实现设计特性的供应商,并确保关键特性符合客户要求。

1. AS 9103 标准的要求

AS 9103 标准的要求包括:

• 应对已确定的关键特性和过程开展波动管理活动,直至其处于受控状态,并具备了过程能力,此后可采用适当的监控方法以确保持续的过程绩效。

• 生产方应具备关键特性和影响关键特性波动的制造过程要素、控制技术和测量方法的相应文件。

• 如果选择统计过程作为关键特性的控制方法,则应针对关键特性建立起过程能力。

• 可以采用其他波动控制方法来保证过程稳定和过程能力,例如工装保证、过程设置控制、标准过程及防错方法,但是必须通过可测量的证据表明这些控制是有效的。

• 关注了关键特性,供应商仍需负责满足图纸上的所有特性、规范和其他客户要求和/或引用标准。

• 有些情况下,无法满足过程稳定性和过程能力的要求,或是费用过高,则生产方必须记录这些情况,并可请求客户批准。

2. AS 9103 标准的过程模式及输出

AS 9103 标准给出了一个用于实现该标准要求的模式,如图 2-10 所示。该模式由 7 个步骤组成,从关键特性的定义开始,到监控产品制造过程绩效结束。也可以采用其他方法或过程达到符合一致性。无论采用何种方法,生产方必须表明与标准的一致符合性以及获得符合一致性的方法。

(五) 可交付软件的质量体系要求

按照 D6-82479《波音对供应商质量管理体系要求》的附录 2,波音公司规定了其对软件供应商的质量体系要求,包括设计、开发、安装、采购和维修。附录 2 包括两部分航空航天要求,供应商可以选择其中的一部分纳入其质量手册。第一部分的依据是 AS 9100 标准(见前文"航空航天和国防组织的质量管理体系要求")和 AS 9115 标准,包括且不限于 AS/EN/JISQ9100 和 AS/EN/JISQ9115 标准的所有要求。第二部分的依据是 AS 9100 标准和美国软件工程协会(SEI)的能力成熟度模型(CMMI)。

AS 9115 标准定义了航空航天和国防组织的可交付软件要求,是针对 AS 9100 标准的补充,适用于设计、开发、提供航空航天、国防工业的可交付软件,以及在开发和维护可交付软件时使用的支持软件。可交付的软件可以是独立的、嵌入式的、移动式的软件,也可以是装入目标计算机的软件。如果组织将商业现货(Commercial Off-The-Shelf, COTS)软件或非开发软件集成到可交付产品中,则应该与客户就该软件的补充适用范围达成一致。

1. AS 9115 标准的主要要求

AS 9115 标准的主要要求包括:

• 组织应了解相关方的需求和期望,确定质量管理体系的范围和过程。

• 组织应规划应对风险的方案。

• 组织应制定质量目标并规划实现的方法。

• 组织应酌情决定、提供和维护基础设施,以支持软件工程。

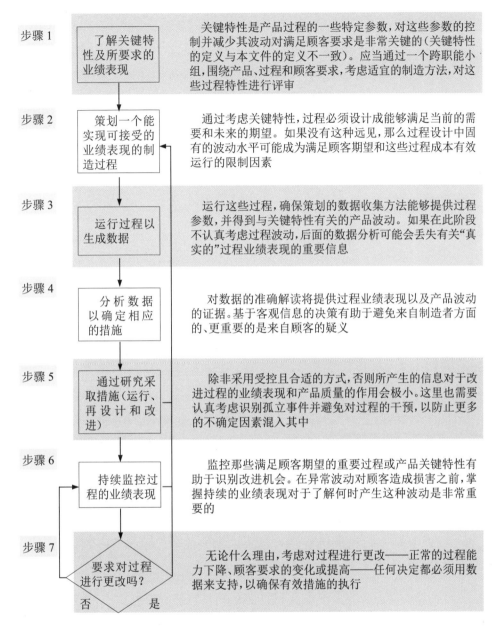

▲ 图 2-10 关键特性波动管理的优选模式

- 组织应确保操作环境能为软件提供适当的保护,使其不被侵权。
- 组织应评估软件测试环境和支持工具。
- 组织应建立和更新与可交付的软件相关的电子文档信息,可包含源代码。

• 组织应评估潜在的安全风险、人身伤害或财产损失。

2. 波音公司对实施 AS 9115 标准的要求

在 AS 9115 标准的实施中,波音公司对供应商提出如下要求:

• 供应商的 AS 9115 标准认证由波音软件审计公司(第二方审计)执行。

• AS 9115 标准只是对 AS 9100 标准的补充,因此这两项标准必须一起实施,软件审计中必须同时对照这两项标准。

• 通过波音公司 AS 9115 标准认证的供应商将被列入波音公司供应商质量信息数据库。

(六)首件检验要求

波音公司采用 AS 9102 标准作为其采购文件中的供应商首件检验(First Article Inspection, FAI)要求。此外,波音公司制定了波音首件检验程序(Boeing First Article Inspection, BFAI)。BFAI 是一套波音公司供应商监督程序,其中给出了对供应商 FAI 验证的规定,包括波音公司认为必要的特性物理验证,以确保所有的工程、设计和规范要求得到满足。BFAI 由采购文件确定,并在波音公司认为有必要时实施。

首件检验的目的是为正确理解、说明、验证和文件记录所有工程设计和规范的要求提供客观证据。AS 9102 标准的目的是为航空航天零部件的 FAI 提供统一的文件要求。生成的文件将是供应商和客户关于以下方面的一个质量记录:对责任和策划的评审、对符合性验证的定期监督和审核、对任何不符合项的根本原因和纠正措施的评价以及对问题的调查。

AS 9102 标准适用于组装件和装配过程中各个层级的部件,包括铸件和锻件,适用于负责产生产品设计特性的组织。供应商和其转包商应负责将该标准的要求适当修订后分解至产生设计特性的分包商,以确保特性符合客户要求。

AS 9102 标准对首件检验提出了如下要求:

• 首件检验的实施对象是首个生产批中有代表性的新部件,包括构成最终订购项目的所有零件和部装件。只有识别出所有不符合要求的情况后才能确定完成了首件检验。使用非正常生产过程的方法得到的样件或装配件不能被看作首个生产批的一部分;初始的首件检验通过之后,有时也还需继续应用引进的首件检验要求;如果能解释清楚当前的配置与以前批准的配置之间的差异，也可以认为满足了首件检验的要求。

- 按照该标准内提供的表格填写首件检验的结果。
- 所有首件检验的文件应考虑作为质量/验收记录，并按客户提出的要求进行保存。
- 供应商应评审标准中规定的要素来支持对首件检验的验证。
- 每一个由图纸要求引入的特性都应在首件检验记录中有自己唯一的特性号，包括尺寸、一般注释和特殊注释、材料、所有者以及其他适用的内容。
- 当设计特性用数量范围表述时，对其规定设计特性的检验的实际结果也必须用数量术语（变量）表示。只有当设计特性用非数量范围说明，或一直使用某合格的工装作为检查特征时，对这个具体特性建立了通过/不通过的特征，才能接受使用属性数据。此外，检验结果使用的单位应当与图纸或规范说明相同，除非供应商和客户另有协议。
- 当使用工装验证设计特性时，必须通过质量/检验记录对工装建立可追溯性。必须确保只使用合格的工具，同时还需满足首件检验的验证。
- 不可测得的特性应尽可能早地在过程中予以评价（只要它们不受到后续操作的影响）。

（七）外来物损伤要求

波音公司使用以下文件来定义外来物损伤（Foreign Object Damage, FOD）程序：
- AS 9146标准《航空航天和国防组织的外来物损伤预防计划要求》。
- D6-85622《波音公司供应商的外来物/外来物损伤预防要求》。
- NAS 412《外来物损伤/外来物预防》。
- IAQG《供应链管理手册》（Supply Chain Management Handbook, SCMH）第3.4节"外来物"。
- 美国国防部国防合同管理局（Defense Contract Management Agency, DCMA）合同政策8210-1《承包商的飞行和地面运营》文件中涉及FOD的适用部分。

外来物损伤是航空航天和国防工业的一种常见问题。航空器对于外来物非常脆弱，一只飞鸟或一小块塑料布被吸入发动机就可能引起空中停车。一颗小小的螺钉、一小片的金属片、一颗尖锐的石子都会导致轮胎损伤甚至爆裂，爆裂的轮胎碎片又会打伤飞机机身、发动机、油箱或液压管等重要部件，造成巨大的经济损失,甚至酿成安全事故。

尽管行业内有大量关于预防FOD的指南和资料,但SAE推出的AS 9146标准则定义了合同协议中可以实行的FOD预防计划要求。AS 9146标准适用于设计、开发、提供航空航天、国防产品和服务,以及提供售后服务的组织,包括给自身产品提供维修、备件或材料的组织。AS 9146标准中定义的要求是对组织和客户之间的合同以及相关法律条款的补充,而非替代。

根据对航空器运行安全的危害程度,FOD大致分为三类:

• 高危外来物:如各种金属零件、行李锁、拖车挂链和质量较重的外来物等,高危外来物会对航空器造成极大的损伤。

• 中危外来物:如道面上的碎石块、起落架销子提示带、报纸、包装箱等,中危外来物对飞行安全有一定的影响。

• 低危外来物:如非金属零碎垃圾、纸屑、树叶等,低危外来物对飞行安全威胁较小。

AS 9146标准的主要要求如下:

• 组织应建立、实施和维护FOD预防计划的文件记录信息。

• 组织应根据客户的内部和外部情况,评估FOD预防计划的有效性。

• 组织应就FOD预防计划的结果和有效性与内部和外部相关方进行沟通。

• 组织应建立、实施和维持运营的FOD预防流程。

• 产品的设计应考虑综合预防、检查/检测和防治FOD。

• 组织应当对内部和外部人员进行FOD培训,制定培训标准。

• 组织应在全过程中建立、实施和维护产品的保护措施,包括保护装置、存储设备、基础设施等。

• 组织应建立、实施和维护耗材核算和控制的过程,降低FOD风险。

• 组织应建立、实施和维护每个区域的可视化管理过程。

二、具体管理

波音公司在2000年对AQS进行了修订,并针对供应商按照修订后的AQS进行要求,强调波音公司整个质量体系对供应商的管理。在对供应商的具体管理上,不仅按照发展要求不断发展管理形式,而且还针对供应商提出了准入要求、批准程序、绩效管理和监督管理的措施。

(一)管理形式

1999—2000年,波音公司的供应商仅限于供应原材料,主要生产集中在波音公司内部;2001—2002年,波音公司将竞争力重点放在装配、系统集成和系统测试上,主要进行装配和装运,供应链的前端活动都由供应商来完成;从2004年至今,波音公司进一步优化了供应链,将重点放在装配和集成上。波音公司供应链的演变情况如图2-11所示。

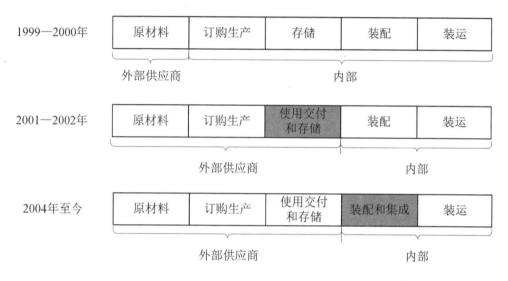

▲ 图2-11 波音公司供应商链的演变情况

波音公司还将一级、二级和三级供应商组成供应商网络,将波音公司内部的要求逐级扩展,从而更好地从源头控制产品质量,如图2-12所示。

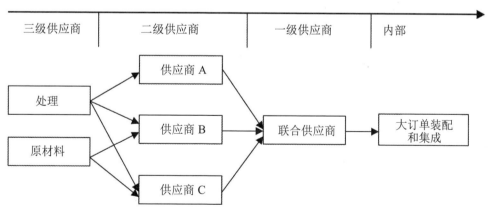

▲ 图2-12 波音公司供应商网络关系图

在 2004 年之前,波音公司的一级供应商主要生产分系统的零部件和组装件,承担的风险较小,较少参与设计和研发过程。而现在,波音公司的一级供应商承担的责任越来越重,主要包括项目管理服务、指导综合产品工程和开发、参与制定产品寿命周期、参与商业管理活动、提出财务管理解决方案,以及与波音公司建立合作的组织结构。另外,二级和三级供应商也逐步发生了转变,更注重与其下一级供应商的合作并实现卓越的制造。

(二)准入要求

为了对供应商进行管理,波音公司将其质量管理体系的要求贯彻到供应商,制定了一系列以《波音对供应商质量管理体系要求》为核心的对供应商的要求和标准。《波音对供应商质量管理体系要求》中规定了对供应商质量管理体系建设的总要求,要求供应商执行 AS 9100《航空航天和国防组织的质量管理体系要求》标准,或供应商的检验和测试质量体系要符合 SAE AS 9003《供应商航空航天质量要求》中对质量体系的要求。其中,要求供应商优先采用 AS 9100 系列标准,并通过认证。波音公司给出了供应商如何进行关键特性波动管理的方法,提供了关键特性波动管理评估工具手册,帮助供应商寻找到更有效的质量改进方法,以及确定其 AS 9103《关键特性波动管理》系统的成熟度。最后,该标准还规定了波音公司对软件供应商的质量体系要求,包括软件的设计、开发、安装、采购和维护,要求软件供应商完成 CMMI 评估的 A 级认证,通过 CMMI 4 或以上等级的认证。

同时,波音公司对供应商在若干方面提出了非常具体的质量控制要求,制定了《波音公司供应商数字化产品定义质量保证标准》《供应商关键过程/敏感机翼硬件质量要求》《供应商不合格品指南》《供应商原材料、标准件质量控制要求》《供应商电子管质量控制要求》等标准和要求,引导供应商进行高标准的质量管理。

(三)批准程序

波音公司对供应商的批准程序如下:

- 供应商根据《波音对供应商质量管理体系要求》进行自我评估,并进行改进,使供应商质量管理体系符合波音公司的要求。

- 波音公司供应商管理和采购小组对供应商进行调查。
- 波音公司供应商质量代表确认供应商是否通过第三方认证，是否需要进行现场评审，供应商是否准备好进行评审。
- 波音公司对供应商质量管理体系进行评审。
- 波音公司批准供应商通过供应商质量评审。
- 波音公司将该供应商列入供应商名单。

（四）绩效测量

为了更好地促进供应商达到波音公司的要求，实现卓越的质量管理，波音公司建立了供应商绩效测量体系，并设立了波音卓越绩效奖。

波音公司要求在企业内部各层级进行业务绩效测量。波音提出的绩效测量是一种可量化的评估，提供了用于评估业务或作业过程的条件、状况、有效性、变化的方法，并通过有效性和效率来实现对结果的量化。

波音公司对供应商的绩效评分采用权重体系，从质量（Quality，Q）、交付时间（Delivery，D）和总体绩效评估等级（General Performance Assessment，GPA）三个方面进行评估。

质量评估有三种方法：传统方法是根据12个月内从供应商处接收的产品的百分比进行评估；价值法是根据12个月内接收的不合格产品成本进行评估；指标法是根据波音公司和供应商共同选择的标准进行评估。

交付时间评估是根据供应商在12个月内准时交付的产品的百分比进行评估。包括根据消耗制定的订购单，通过对在规定期限之外接收的全部零件进行统计，每天进行绩效评估，因为这与零件数量的交付时机有关。

总体绩效是对供应商的绩效评估，包括管理、进度、技术、成本和质量这五方面。每种业务模式都进行的评估包括研制（D）、生产（P）、支持服务（SS）、共享服务（SSG）。评价分数是由最近至少6个月波音项目或现场的评价情况的平均值来决定的。

根据评价结果将供应商绩效等级分为金色（优秀）、银色（良好）、棕色（合格）、黄色（需要改进）、红色（不合格）五等，被称为"五色牌"，相应的确定规则见表2-4。

表 2-4 波音公司供应商绩效等级确定规则

金色	优秀	供应商绩效远远超出期望水平	交付时间:在 12 个月内 100%准时交付; 质量:在 12 个月内波音 100%接收其产品; 总体绩效等级:GPA≥4.8,并且没有黄色或红色等级
银色	良好	供应商绩效满足或超出期望水平	交付时间:在 12 个月内 98%准时交付; 质量:在 12 个月内波音 99.8%接收其产品; 总体绩效等级:3.8≤GPA<4.8,并且没有黄色或红色等级
棕色	合格	供应商绩效满足期望水平	交付时间:在 12 个月内 96%准时交付; 质量:在 12 个月内波音 99.55%接收其产品; 总体绩效等级:2.8≤GPA<3.8,并且没有黄色或红色等级
黄色	需要改进	供应商绩效需要改进才能满足期望水平	交付时间:在 12 个月内 90%准时交付; 质量:在 12 个月内波音 98%接收其产品; 总体绩效等级:1≤GPA<2.8
红色	不合格	供应商绩效不能满足期望水平	交付时间:在 12 个月内准时交付低于 90%; 质量:在 12 个月内波音接收其产品少于 98%; 总体绩效等级:GPA<1

1. 外协产品绩效评估方法

2007 年 7 月,波音公司对供应商绩效评分方法进行了修订。在此之前,综合等级是依据绩效分类最低等级制定的。新的评分方法则采用更加成熟的权重体系,如图 2-13 所示。

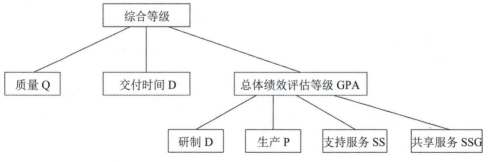

▲ 图 2-13 波音公司供应商绩效等级分值计算示意图

综合等级为三种绩效的低绩效分值的平均值。

例如:Q(4)+D(5)+GPA(3)=12÷3=4(银色综合等级)

用于 GPA 评级的绩效准则是由四个业务模型组成的。如果任何一个业务模型等级较低,GPA 总等级将会有如下表现:

例如:D(4)+P(4)+SS(1)+SSG(5)=14÷4=3.5(棕色[①](黄色)GPA 等级)

综合评分等级=Q(4)+D(5)+GPA(1)=10÷3=3.33(棕色综合等级)

质量和交付时间绩效评估方法保持不变,它们是根据产品满足或超出质量和交付期绩效值的百分比来确定的。

2. 外协产品总体绩效评估

波音公司的专家会对供应商的业务实践进行详细的评估,包括五个方面:

- 管理:供应商计划、执行以及与波音公司沟通的及时性。
- 进度:供应商满足进度要求的情况。
- 技术:工程技术支持,包括产品开发、性能和保障。
- 成本:成本控制、供应计划和体系支持的有效性。
- 质量:质量大纲的有效性,包括供应商体系和质量保障。

波音公司根据年度开销和业务需求来确定"关键供应商"。波音公司经常对关键供应商进行评估,每年的四月和十月,对关键供应商全部的项目/现场管理进行评估。如有需要,评估的次数会更多。

3. 供应商工具手册

波音供应商工具手册(Boeing Enterprise Supplier Tool,BEST)是波音公司唯一的、权威的供应商信息来源,是存储供应商相关数据的重要系统。供应商绩效测量(Supplier Performance Measurement,SPM)报告是波音公司用于评估供应商绩效的标准。波音公司内部和外部的用户可通过 BEST 获取绩效报告。等级划分是通过波音公司目前推行的绩效取值表计算 12 个月的移动平均绩效来评定的。

波音公司网站按月提供供应商绩效数据。这些数据将在每月 10 日进入 BEST,每月 15 日在 BEST 供应商绩效评估报告中列出。报告中的绩效数据反映了前一个月的绩效情况,例如,一月份的绩效情况在二月份绩效报告中反映。

波音公司供应商绩效测量报告,可以通过点击每一类绩效的超链接,查

[①] 由于使用低绩效准则,计算综合等级时,GPA 等级要选用下一个等级,所以本例中 GPA 等级用"1"代替"3.5"。即计算综合等级时,对于 GPA 等级,采用"木桶原理"来确定。

询每一等级相关数据。当质量数据出现在实施了供应商纠正措施电子通告（Electronic Supplier Corrective Action Notice，E-SCAN）系统的网站上时，BEST质量等级就会提供相关链接。

4. 供应商绩效评估存在争议时的处理

波音公司必须与其供应商共同确保绩效数据的真实性。波音公司进行的评级过程是为了确保BEST供应商绩效评估报告能够准确地反映供应商的绩效。如果供应商认为其绩效等级存在问题或遗漏，可以通过正式或非正式过程要求重新评审，推荐使用非正式过程。

• 非正式过程：供应商与波音公司的购买订单签订人取得联系，然后由购买订单签订人负责将此事件提交给波音公司相关部门。

• 正式过程：供应商通过BEST系统反映等级争议问题，然后由购买订单签订人负责处理。

供应商在BEST系统打开绩效分类详细报告，选择蓝色钻石图表，提交争议处理申请，等待波音公司正式处理。供应商必须提供电话和关于绩效等级存在争议的详细论据。

对于绩效评级争议，供应商有权使用排队系统，记录绩效等级存在的问题，包括质量、交付时间和总体绩效评估。

波音公司会在20天内处理存在争议的评级问题，确保数据与近期绩效报告保持一致，对于确实存在争议的评级情况，波音公司会逐步改进来满足客户需求。波音公司的代表必须及时更新网站内容，使质量管理体系与网站描述相一致，从而确保存在争议的绩效评估能在以后的绩效运营中体现，能够查询到评级存在争议的原因。已经处理过的存在争议的绩效问题不包含在新的绩效报告中，但波音公司会更正供应商等级。

（五）波音卓越绩效奖

对于绩效卓越的供应商，波音公司会给予认可并奖励。"波音卓越绩效奖"是波音公司最高的年度绩效认可项目，自2007年9月30日起取代了"波音优选供应商认证"项目。

波音卓越绩效奖的获奖标准：

• 从当年10月1日到次年的9月30日，连续12个月供应商综合绩效等级均为金色或银色。
- 年度合同达到或高于10万美元。
- 12个月中至少10个月有绩效证明。

波音卓越绩效奖的奖励：
- 适合展示的奖品。
- 行业内表彰。
- 在与供应商公司网站相链接的波音公司外部网站上表彰。
- 在每季度的波音内部通信上的"最优等级"表彰。
- 根据绩效等级进行货源选择。
- 给予参加波音年度供应商评选的资格。

（六）监督管理

波音公司采用企业通用质量监督（Enterprise Common Quality Supervision，ECQS）过程作为一种主动措施来改进与供应商的伙伴关系，整合波音公司业务监督活动和改进对供应商过程状态的报告。ECQS过程包括三种监督方式：产品评估（PA）、质量过程评估（QPA）和制造过程评估（MPA）。这些监督方式能够在不妨碍产品交付的情况下，协助波音公司按照预定的方式对供应商进行监控。这些监督活动根据供应商的表现和对波音公司的风险大小决定。ECQS过程为提高和改进供应商的制造和质量管理体系及其支持过程提供了重要机会。

ECQS活动由波音公司的供应商质量专家在供应商或供应商转承包商现场实施，对合同中规定的指明波音公司有权监督和评审的产品和相关程序、操作和过程进行监督。

1. 目的

波音公司对供应商实施监督是为了：
- 帮助其提高和改进制造、质量管理体系、保障过程。
- 监督和提高产品质量。
- 向供应商、波音公司、波音公司客户和管理机构提供关于供应商过程和能力的信息。
- 使企业通用质量监督过程不取代波音公司质量管理体系的审核或某特殊过程相关工作。

2. 方式

波音公司通过以下三种方式对供应商进行监督,见表2-5。

表2-5 波音公司供应商监督方式

质量过程评估 (QPA)	产品评估 (PA)	制造过程评估 (MPA)
• 关注一致性和改进 • 平均约16小时完成 • 以简短的一页纸的报告通知结果 • 使用规定的检查单作为工具 • 例如:转承包商控制、纠正措施、首件检验等	• 关注一致性 • 基于特定产品的审核方法 • 平均约8小时完成 • 以简短的一页纸的报告通知结果 • 使用简单的检查单作为工具 • 基于图样的要求记录数值	• 关注一致性和改进 • 平均约24小时完成 • 用较详细的技术报告向客户提供结论/建议 • 使用规定的检查单作为工具 • 例如:手工焊、碾压、钻孔、机械装配等

3. 实施

（1）供应商在评估前的准备工作

供应商在波音公司对其进行评估之前需做好以下工作:

- 在波音公司供应商质量代表现场检查之前熟悉检查单。
- 提供获得相关过程文件、培训记录、作业指导书、过程流程图等的途径。
- 在评价过程中,提供所有可用的过程绩效数据。
- 指派了解情况的人员协助评估。

（2）评估的实施

波音公司实施的主要评估工作如下:

- 确认供应商质量简况,可以是正式的,也可以是非正式的。
- 使用检查单和相关要求评审过程或产品。
- 获得过程绩效数据(仅针对制造过程评估)。

对被评估的过程或产品可评审如下内容:

- 机械/设备安装。
- 使用的材料。
- 操作人员的知识。
- 检验或测量过程。
- 数据分析和持续改进的活动。

- 减少过程波动、缩短周期、降低成本的机会。

(3)评估结果

根据评估实施情况：

- 讨论评估的结果。
- 评审过程或产品的观察项、不符合项、优势项。
- 不符合项结论写进供应商评价报告。
- 评审全部硬件影响,讨论所需采取的措施。
- 讨论供应商质量或供应商措施及后续行动。

(4)评估文件

根据评估结果形成评估文件,包括：

- 产品评估

    ☞产品评估供应商审核报告；

    ☞适用时,提供供应商评价报告。

- 质量过程评估

    ☞评估总结；

    ☞适用时,提供供应商评价报告。

- 制造过程评估

    ☞评估总结；

    ☞适用时,提供供应商评价报告；

    ☞完成的要求矩阵；

    ☞数据分析。

4. 作用

采用 ECQS 过程的作用如下：

(1)改进波音公司与供应商的合作关系

对供应商的质量监督,是对供应商的制造、质量管理体系、保障过程的咨询和检查,是供应商提高和改进的有效途径。

(2)减少对供应商多余的、重复的监督

波音民用飞机集团和综合防御系统集团的监督工作应尽可能地结合,以减少对供应商不必要的、重复的监督。

(3)提高客户满意度

通过使用不同详细程度的评估报告,向客户清楚地报告供应商的过程状况。

波音公司先进质量管理体系作为世界范围内的标杆质量管理模式,已经成为一种不断发展、可操作性强、切合企业发展需求的全面质量管理方法。该体系不仅包括自身的质量保证理念、措施和方法,而且还有对供应商管理的标准文件和管理方法与之相配套。波音公司先进质量管理体系以这两方面内容为主体,形成了一套贯穿全产业链的质量管理模式。

在演变过程中,波音公司的质量管理经历了四个阶段,先进质量管理体系是波音质量管理发展的第四个阶段,前面还经历了质量检验阶段、统计质量控制阶段和质量保证阶段。先进质量体系是波音公司从20世纪90年代中期建立的,至今仍在不断发展。先进质量体系从一开始就强调持续改进、波动管理、过程控制、绩效测量和供应商管理。该体系后续不断发展,根据发展需求分别在2000年、2007年、2017年,对《波音对供应商质量管理体系要求》进行了修订。

在先进质量体系主体上,主要强调通过数理统计,分析影响产品质量关键特性的变化因素和潜在的变化源,从而不断改进质量,达到提高产品质量和降低成本的目的。该体系的执行思路是在基本质量体系的基础上,实施过程质量体系。基本质量体系包含18个质量要素和基本质量体系的符合性问题单。在过程质量管理体系中,通过确定关键特性、提取波动证据、确定和控制波动源、强调改进过程等步骤,同时将持续改进融入各个环节,从而形成整个质量体系在文件层面和实施层面的不断改进,将质量管理方法优化融合到产品质量的不断提升中去。先进质量体系体现出四大特点:①强调追求卓越的持续改进;②注重运用科学方法和体系实施过程的波动管理;③大力推行数字化制造和并行工程;④依据供应链管理理论和先进特色企业标准实施供应商管理。

在对供应商管理上,波音公司不仅针对供应商管理制定了一系列的标准要求,而且还采用多种措施对供应商进行管理。针对供应商的相关质量标准要求,波音公司的质量管理相关文件和标准将 AS 9100 系列标准的要求与波音公司自身管理实践相结合,形成了适用于波音公司的质量管理文件和标准体系。此外,波音公司首先根据供应商的能力和自身的发展需求,不断改进对供应商的管理形式,使外部供应商的供应范围越来越大,供应商的供应范围从最初的原材料供应扩大到现在的使用交付和存储。同时,波音公司在供应商准入要求、批准程序、绩效测量方法、监督管理方法上,都制定了完善的实施要求和方法。通过这些完善的管理方法,波音公司从供应商入选源头、供应过程、供应结果对其进行全过程、规范化的管理。此外,在对供应商的管理上,波音公司也采用了持续改进的理念,提高对供应商的要求,改进对供应商的管理方法,从而在供应商端不断提高产品质量。

总体而言,波音公司质量体系最大的特点就是体系完善、配套齐全、生命力强。这套体系发展并使用至今依靠的最大优势就是秉持持续改进这一理念,将这一理念应用到质量体系的持续改进、管理方法的持续改进、生产流程的持续改进、供应商管理的持续改进等方方面面,从而使整个体系一直处于持续改进中,使其不断完善,在追求高质量的道路上不断进步。

第三章
波音公司质量与创新管理实例

在现代企业管理中,质量管理已经从围绕质量功能与质量成本展开,逐渐演变为围绕质量价值的实现而展开。因此,质量管理也必然需要不断进行更高层次的创新。不断创新企业组织结构和组织流程,开发和应用质量管理优化技术和方法,能够有效提高企业的竞争力,减少企业的质量损失。本章通过波音公司在军机、民机研制生产以及创新团队建设等方面的实例,介绍波音公司在质量与创新管理方面所取得的成就以及经验教训。

第一节　基于过程的管理在波音C-17 项目中的应用

C-17"环球霸王"(Global Master)是波音公司于20世纪80至90年代为美国空军研制的一款运载量超过32吨的大型运输机。在该项目中,负责研制C-17

▲ 图3-1　波音公司研制的C-17运输机

的波音公司运输机与加油机事业部（Airlift and Tanker Programs，A&T）高度重视过程管理，开发应用了基于过程的管理（Process-Based Management，PBM）方法，取得卓越成绩，并因此获得了1998年度美国波多里奇国家质量奖（制造业类）。

一、卓越绩效模式

"卓越绩效模式"（Performance Excellence Model，PEM）是国际上广泛认同的一种组织综合绩效管理的有效方法和工具，反映了先进的经营管理理念，是一种引导组织持续改进、提升综合绩效和竞争力的系统方法。有效实施PEM可以帮助组织提高整体绩效和能力，为组织的所有者、客户、员工、供应商、合作伙伴和社会创造价值，有助于企业获得长期的成功。

PEM最早可追溯到1951年的日本戴明奖。当时，日本正处于战后的萧条期，为了振兴经济，日本聘请美国管理专家爱德华·戴明（Edward Deming）制定了一套质量管理标准，用以评定日本国家质量奖，并将该奖命名为"戴明奖"。事实证明，"戴明奖"起到了很好的效果。之后，受到日本经济迅速崛起的启示，美国管理专家马尔科姆·波多里奇（Malcom Baldrige）制定了以其名字命名的美国国家质量奖标准。目前，全球已有几十个国家和地区设立了国家质量奖，其中大多以美国国家质量奖的评价标准为范本。1997年，美国波多里奇国家质量奖的评奖标准正式变更为"卓越绩效模式"。

波多里奇国家质量奖评价标准主要侧重于对六个领域的改进及最终结果进行评价，分别是领导作用，战略规划，以客户和市场为中心，信息、分析与知识管理，人力资源开发，过程管理。其中，"过程"是组成质量管理体系的基本单元。国际标准化组织将质量管理体系中的"过程"定义为"一组将输入转化为输出的相互关联或相互作用的活动"。过程管理强调组织的绩效源于过程，要实现期望的绩效结果，就要重视过程，建立有效的过程管理系统，识别、设计关键过程，实施和改进过程，减少过程波动与非增值性活动，使关键过程与组织的发展方向和业务要求保持一致。组织应当通过卓越的过程管理实现卓越的结果。

二、高层管理者的支持

得到高层管理者的支持，是实施任何一项基于过程管理的重大项目的关键。大多数组织的高层管理者都愿意支持各种过程改进计划，但往往不愿意对原有的业务运行方式进行重大变革。20世纪90年代初,波音公司C-17项目一直处于超预算、拖进度的状态,美国空军对C-17项目的工作很不满意,甚至威胁今后将不再追加采购该型飞机。由于美国空军是当时C-17项目的唯一客户,这促使波音公司的高层管理者急切需要对C-17项目的业务过程管理方式进行重大改变,因此,运输机与加油机事业部的过程管理改进得到波音公司高层管理者的大力支持。领导层希望改变管理方式,寻求改进C-17项目的办法,进而改进其管理实践与产品。

基本上,C-17项目以及波音公司运输机与加油机事业部后来的所有项目管理都致力于采用基于波多里奇准则的管理框架。在C-17项目中,运输机与加油机事业部重点关注作为波多里奇准则组成部分之一的过程管理,并成功开发应用了PBM方法。

PBM方法将组织的活动定义为一系列的过程,并且向所有高层级的过程责任人赋予了过程管理监督职责。然后,高层级的过程责任人再依次将过程职责分配给下一级的过程责任人,直至全面覆盖C-17项目管理结构中的各个过程。波音公司的高层管理者不仅支持组织向PBM转变,而且还要担当领导角色和培训模范,与客户一起对过程进行联合评审。

三、PBM的定义与特征

实施过程管理首先要制定愿景,即注重过程绩效、质量与客户满意度的改进。为了实现这一愿景,运输机与加油机事业部创新开发了PBM方法,并将其成功应用于C-17项目的过程管理中。同时,在发展与应用PBM方法的过程中,作为客户的美国空军共同参与了对关键过程的识别与管理。

运输机与加油机事业部对于PBM给出的定义为:基于过程的管理是一种管理方法,它将组织的活动定义为一些过程的集合,这些过程关注提高客户满意度和减少浪费,并通过定义测量、稳定和改进过程来加以实现。

基于过程的组织的特征如下:

- 将业务活动看作一系列过程的集合。
- 用战略规划驱动过程。
- 能够准确地认识到过程与关键业务结果和目标之间的关系。
- 关注以关键客户为导向的过程。

- 建立工作团队来实施过程。
- 应用过程报告来判定过程的健康状态。
- 通过数据进行管理。
- 具有通过过程进行工作的耐心。
- 强调持续改进。
- 要求改进过程贯穿于整个业务活动中。
- 将过程与其他倡议相结合。
- 尽可能随时采用通用过程与标准化。

四、为组织及其过程建模

在开展过程管理工作时，C-17项目管理团队首先定义了项目的核心过程以及相应的主要支持或使能过程，并通过过程模型将其形成文件（见图3-2）。这些过程还要随时进行必要的修改，以适应波音公司运输机与加油机事业部的组织需要。从图中可以看出，该模型允许运输机与加油机事业部的每个项目可以裁剪自身的价值链。图中贯穿价值链中部的5个大箭头代表5个核心过程。在其上方的2个长箭头和下方的箭头表示用于帮助领导核心过程或给核心过程赋能。

顶层的核心过程和支持过程责任人被称为执行过程责任人，他们共同组成了运输机与加油机事业部的部级委员会和C-17项目级的过程理事会，其任务是与过程管理综合组协作，监督整个PBM工作的实施情况与健康状态。

在PBM建立之初，高级管理人员应用方法论定义了组织的核心过程。然后，采取自上而下的方式分解核心过程，定义子过程以及次级子过程，直到所有过程都被定义。一些复杂的过程，例如生产和加工过程，可以分解成5级子过程。最终定义的子过程有300多个，每个过程都有1名责任人。1个人可以是多个过程的责任人，而有些人甚至可以是6～7个过程的责任人。因此，在运输机与加油机事业部的组织之内，最终的过程责任人只有不到300人。建立起整个过程架构之后，后续的PBM方法主要用于培训新的过程责任人，以及处理需要新增的过程或修订已有的过程。

图3-3给出了波音公司运输机与加油机事业部PBM方法中的7个步骤。PBM方法的关键是将过程模型中的每个过程形成文件，并指定一名过程责任人。被

波音公司质量管理

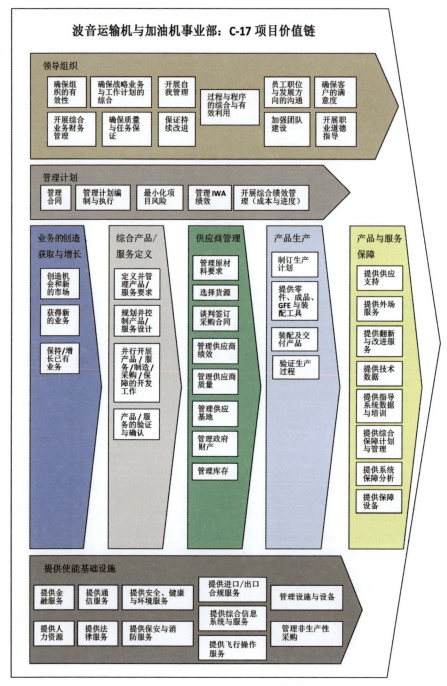

注：IWA(Interorganizational Work Authorization,跨组织工作授权), GFE(Government Furnished Equipment,政府供给的装备)

▲ 图3-2 波音公司运输机与加油机事业部项目中的核心与支持过程(企业过程模型)

确定为对工作绩效最关键的那些过程,要由过程责任人额外进行测量、管理与汇报。而且,对过程绩效的测量要自上而下贯穿模型。无论何时,只要一个过程不能满足目标,过程责任人就应制订计划对其进行改进。实施改进措施后,这个循环过程随着进一步测量继续进行。如有必要,再进一步改进。

用泳道流程图对过程建模,如图3-4所示。

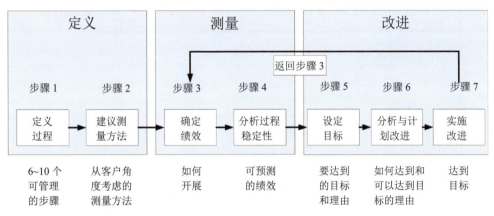

▲ 图3-3 波音公司运输机与加油机事业部7步PBM方法

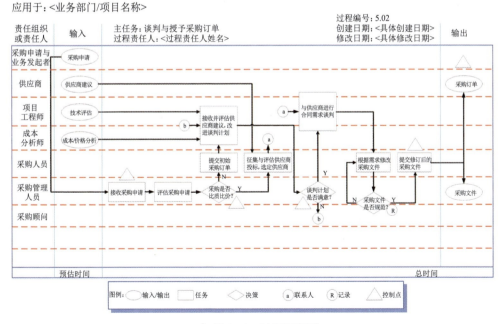

▲ 图3-4 过程流程图

如图3-5所示，在过程分析的反复迭代中，一名特定的过程责任人并不需要非常详细地定义其所负责的过程。相反，只需要给出通用的描述，外加一个过程定义表，用以提供更多的关于供给与接收过程的连接细节。在一个过程责任人的框图中，主要活动框可能变成要定义的子过程的边界，依次被其他过程责任人分配给那些子过程。

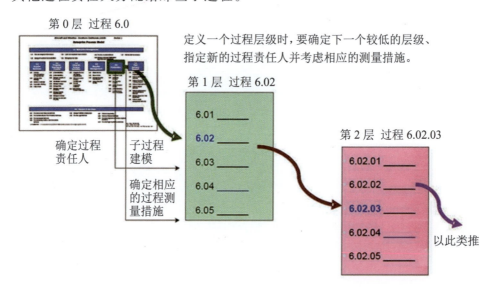

▲ 图3-5　自上而下迭代的过程定义

所有的过程都由相关的过程责任人负责定义并形成文件，并存储在一个知识库中，由负责管理"综合与部署过程及程序"的过程管理综合组维护。该组织保存波音公司运输机与加油机事业部所有过程的流程图。

五、过程责任人

过程责任人不一定是管理人员。有些较低层级过程或技术过程的责任人是领域专家。过程责任人熟悉过程的相关工作，并且负责在过程进行到测量阶段时对过程进行规划、建模、测量与改进。过程责任人通常与由多人组成的团队一起进行建模、测量与改进过程的工作。

当一个人成为过程责任人后，要应用一套工具软件进行8小时的过程管理培训。如果确定某过程会超出给定的测量值，过程责任人则有责任与该过程的客户协商达成一致，从而保证该过程的输出与客户要求相符。客户可能包括外部的政府客户和内部客户，即接受一个过程输出的下一个过程的人员。

按照类似的方式,过程责任人作为价值链中一个过程的客户,必须与一个或多个过程的供应商协商,确保他的过程能够得到需要的输入。图3-6阐述了价值链的过程概念。

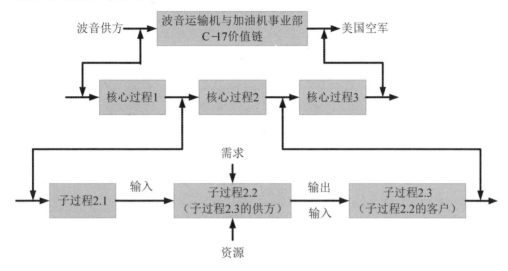

▲ 图3-6 价值链的过程概念示意图

整个价值链分3层,由7个过程组成。其中核心过程2由3个子过程组成,即子过程2.1、子过程2.2、子过程2.3。每个过程有输入、输出。价值链的输入也就是过程1的输入。过程3的输出也就是价值链的输出。在给定层级中任意一个过程的客户,都是过程序列中位于其右边的过程。因此,子过程2.3就是子过程2.2的客户,或者说子过程2.2是子过程2.3的供应商。图中的最终客户是C-17项目价值链的客户——美国空军。

通过确保子过程2.3的输出满足核心过程3的需要,实现纵向过程的匹配。通过确保子过程2.2的输出满足子过程2.3的需要,实现横向过程的匹配。

通过外部过程测量,确定每个过程输出及时且质量良好,就可以保证过程质量。通过内部过程测量,保证过程在最短的时间(周期)内执行,并且用最少的必需资源获得期望结果,就可以保证过程效率。

过程责任人负责确保过程符合所有要求,以及过程输出满足过程客户认可的质量。如果决定必须对过程进行测量与改进,则过程责任人必须每月按照商定的测量标准提交报告。通过应用波音公司开发的PBM系统,该报告借助计算机来完成。过程责任人也要参加过程评审会,确保更大的过程(他们负责的过程只是更大过程的一部分)能够平稳运行。

主管过程责任人不仅要监督过程与绩效,还要积极支持其下一级过程责任人的工作。例如,主管过程责任人每月都会接受测评,测评内容包括主管过程责任人如何为至少1%的下一级过程责任人提供奖励,以及主管过程责任人与下一级过程责任人一起参加过程评审会的情况。

六、定义过程测量方法

定义过程以及指定过程责任人后,就需要确定具体的过程测量方法。波音公司想要保持对价值链纵横向(自上而下与同一层次)过程匹配的测量,这意味着许多子过程要定义自身的测量方法,以表明过程的结果如何促使其上层过程取得期望的结果。

图3-7给出了关键绩效指标(Key Performance Indicators,KPI)4个通用类型的描述,或者说是波音公司运输机与加油机事业部采用的测量类型。质量和进度往往是外部测量指标,通常由过程客户参考确定。效率和周期属于内部测量指标,力求确保以最经济的方式开展过程工作。

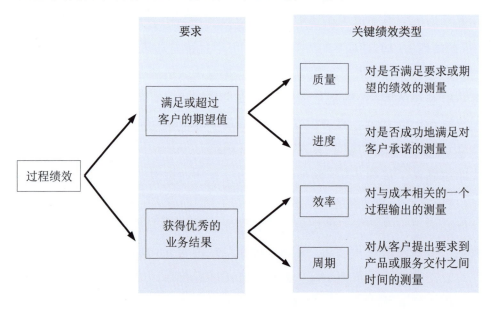

▲ 图3-7 过程测量的基本类型

大多数过程责任人努力采用所有4个测量类型,但采用多少取决于每个过程的性质和需要。关键是保证KPI要考虑客户的目标并且具有一套稳妥的测量方法，从而避免过于强调某一个绩效方面而危及另一个绩效方面的情况。

七、基于过程的管理系统

波音公司运输机与加油机事业部的信息技术组开发了基于过程的管理系统（Process-Based Management System，PBMS），并负责系统维护。PBMS是由一套软件工具和一个知识库组成的信息管理系统，能够帮助过程责任人记录过程和测量，包括收集和归纳过程绩效数据以及存储所有过程信息。波音公司曾经测试了市面上各种建模和报告工具，但最终还是决定自建系统，确保综合各类数据以支持PBM。

每个过程责任人都可以使用PBMS进行初始的过程描述与建立过程模型。通过PBMS可以指定过程测量方法和准备每月的报告，从而对正在进行测量的每个过程绩效进行分析。

当过程责任人所负责的一个过程低于正常标准运行时，就需要调整和提交一个计划来改进过程。过程管理综合组负责监督过程绩效以及对过程改进计划的评审，并在需要时提供技术支持。例如，如果一个过程改进计划要求进行大范围的改进以达到质量目标，则过程管理综合组可指派一位"六西格玛"专家来协助过程责任人。

表3-1为一名过程责任人编制的过程改进计划，存储在一个单独的纠正与预防措施系统（Corrective/Preventive Action System，CPAS）数据库中，然后在PBMS中与相应过程链接。

表3-1　过程改进计划表单

活　动	任　务
活动号：1234　启动日期：05-05-01 发起人：Adams,Art 任务接受者：Adams,Art 过程责任人：Baker,Bill PBM号：5.02 发布改进指令 CPA来源：PBM年度过程改进 当前状态：开环　当前日期：05-10-07	任务接受者主题状态日期 1. A.Adams　建立文件合规性检查清单闭环　05-05-15 2. B.Barker　建立文件合规性审查过程闭环　05-06-15 3. B.Barker　修订文件合规性过程开环 4. T.Trainer　设立培训课程开环 5. T.Trainer　提供文件合规性培训开环 6. A.Adams　实施合规性检查清单开环 7. B.Barker　进行月度合规性审查开环

续表

活　动	任　务
主题： 　　改进合规性文件百分比 问题描述： 　　合规性采购文件百分比不能接受 检验/接收标准： 　　改进合规性文件百分比达 20% 所使用的原因分析工具： 　　FMEA、5-Why 原因描述： 　　在采购分析前，采购人员没有经过文件合规性评审培训 检验准则： 　　实施合规性检查清单并且合规性文件百分比应增长 20%	

在 PBM 初始实施过程中，要耗费大量的时间用于过程的定义与建模以及确定合适的测量方法。这项工作按年度开展，每个过程责任人要向其客户证明这个过程以及对过程的测量始终是准确和有效的。在开发一个新过程时，通常需要每个月都进行数据分析，以鉴别数据的正确性。

在任何组织中，都存在着管理者的轮换问题，而新任的过程责任人总是需要进行培训。同样，现任过程责任人也需要定期进行进修培训以提高 PBM 能力，并且 PBMS 也需要持续改进、升级。

八、团队协同

大多数组织都拥有各种过程改进计划，如流程再造、六西格玛、精益管理、平衡计分卡等。有些组织的信息技术部门专门设有流程再造实施团队，寻求通过信息化手段开展过程改进；有些组织可能是由六西格玛专家以及平衡计分卡团队来定义管理目标。遗憾的是，在大多数情况下，这些团队都是各自独立开展工作的，因此经常出现工作交叉重复的情况。在最坏的情况下，还会发生工作上的冲突。

运输机与加油机事业部 C-17 项目在这些管理领域都拥有由训练有素的人员组成的团队。与其他大多数组织的情况不同，这些团队在完成任务时不是各自独立工作的,而是在 PBM 的支持下协同工作。当有些过程责任人在完成过程目标中遇到问题时,他们会与 PBM 过程团队协调,以确定如何改进绩效。在大多数情况下,过程责任人提出解决方案,由专门的过程团队执行。当过程责任人需要帮助时,PBM 过程团队就会提供相应的帮助。必要时,会抽调经过专门培训的过程管理专家提供支持。

综上所述,利用 PBM 方法,波音公司运输机与加油机事业部在 C-17 项目中通过整合围绕业务过程的全部管理工作,设置业务经理作为过程责任人来管理和运作过程,建设必要的基础设施以帮助管理业务过程结果,最终简化了过去的日常业务管理方式,显著提升了 C-17 项目的过程绩效和质量。

第二节 波音 787 项目的供应商管理及经验教训

波音 787 项目是波音公司所有飞机项目中全球合作范围最为广泛的项目(见图 3-8)。在 787 项目中,波音公司采取了全球供应链战略,将大量工作转包分散到了美国的 14 个州和美国以外的 11 个国家和地区。波音 787 全球供应链战略的目的是适应项目投入大、周期长、资金密集等高风险特征,采取风险共担、利益共享的模式加以应对,但最终因供应链问题带来一系列的经验教训。

▲ 图 3-8 波音 787 客机

一、波音公司的全球供应链结构

波音公司曾是国产化率最高的飞机制造商,主要的零部件生产都是在公司内部自己完成,直到波音737开始,才与国内外供应商展开转包合作。到波音787研制开始时,波音公司已经逐步转变为飞机系统集成商的角色,成为项目的发起方和任务发包方,除了负责飞机的总体设计与系统集成外,还要开展供应链与供应商的管理工作。

在波音787项目中,波音公司采用了风险合作伙伴模式开展研发工作。首先从全球5 600余家飞机结构件供应商中选择了几十家一级供应商作为风险合作伙伴。然后,波音公司向这些一级供应商授予了前所未有的设计、开发和生产权限以及项目责任,让其更多地承担起自行研发、设计和制造任务。这些一级供应商又以同样的方式与次级供应商建立了同样的关系,以此类推,组成了全球供应链结构,将这种风险共担的运作方式扩展到美国以及全球各国参与787项目的各级供应商身上,从而降低研制风险。

波音公司通常是根据对质量、成本、准时交付、持续改进和客户满意度等5个基本要素的综合评价来选择供应商,并且十分重视供应商的质量保证体系建设。尽管飞机制造的质量是由制造过程中的各种要素决定的,但是,如果供应商建立了完善规范的质保体系,就能够使制造要素得到有效管控,从而保证最终产品质量。为了敦促供应商不断更新、完善其质量保证体系,波音公司要求供应商开展第二方和第三方质量认证,并将持续质量改进作为日常工作落实。

波音公司的供应链可以细分为产供系统、集采系统和支持系统。其中,产供系统主要负责机体结构件供应商管理;集采系统主要负责原材料、标准件、消耗品、辅材等的采购管理;支持系统主要负责物流、供应保障的管理。

通常,波音公司一级供应商生产的部件产品都是波音787飞机的机体部件和成品设备,直接应用于飞机总装。实际上,波音公司自身也拥有一些负责重要部件生产的制造工厂。例如,已被波音公司收购的美国势必锐(Spirit)航空系统公司和环球航空公司就分别负责各自擅长的机身前后段及部分机翼和尾翼的制造。由于与波音公司有长期合作关系和对787飞机项目进行资助,日本有3家企业成为波音公司的一级供应商,分别获得了技术含量较高和合同金额较大的工作包。此外,波音787飞机发动机的供应商包括罗·罗公司(Rolls-Royce)、普·惠公司(Pratt & Whitney)、通用电气公司(General Electric Company,GE)和CFM公司;机载和航电系统主要供应商有霍尼韦尔公司(Honeywell)和罗克韦尔·柯林斯公司(Rockwell Collins)等;机电系统主要供应商包括霍尼韦尔公司和联合技术公司(United Technologies Corporation,UTC)等。波音787飞机机体部件美国国内外供应商分布情况见表3-2;波音787飞机各部件的全球供应链如图3-9所示。

表3-2 波音787飞机部件供应商情况

部件	机翼	内侧襟翼	外侧襟翼	发动机舱	发动机吊架	机头	前机身
供应商	国外	国外	国外	美国	美国	美国	美国/国外
部件	机身中段	中央翼盒	底部大梁	机身后段	机身48段	水平安定面	背鳍
供应商	国外	国外	国外	国外	国外	美国/国外	国外
部件	垂直尾翼	升降舵	方向舵	旅客舱门	货舱门		
供应商	美国	国外	国外	国外	国外		

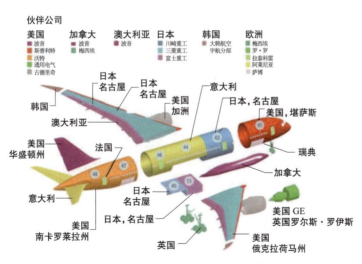

▲ 图3-9 波音787飞机的全球供应链

波音787项目全球供应链生产的部件产品主要采用模块化方式分解。模块化这一技术概念最早出现在机械制造领域,在汽车与机械设计和制造中运用较多,其实质是充分利用外部资源进行创新制造。运用模块化方法进行设计生产的厂商可以将一个庞大的复杂产品(如汽车)分解为一个个部件(模块),按照一定的规则,使得各个部件能够分开研发制造。通过将接口规格标准化,在各部件的设计制造之间实现了高度的独立性或"松散的耦合",而且可以在不损害产品整体性的前提下,各部件分别并行开发制造与生产。这种模块化的开发生产方式改变了行业竞争格局,使得供应链管理能力越来越成为竞争的关键。目前,模块化发展策略已经在计算机软硬件、通信系统、汽车等越来越多的产业领域得到广泛应用,成为高技术产业发展的一种新模式。

波音787项目开创了航空产业"模块化"发展之先河,首次将模块化发展模式融入航空产品的研制、生产和管理中。在波音787项目中,波音公司改变过去仅仅以工艺分离面划分结构的方法,经过优化设计、合理分工,基于模块化的设计方法理念,在平衡技术、经济的情况下将787飞机全机结构划分成多个整体结构功能模块,授予选定的"模块"供应商(即一级供应商),并赋予其完整的结构设计制造与系统集成任务和责任。同时,波音公司作为主集成制造商与"模块"供应商共同制定产品的分工界面和标准规范,各自完成分担的任务工作包。最终,在波音787项目研制中,供应商承担了近90%的零部件设计生产,而波音公司本部的工厂则主要承担飞机制造中附加值最高的系统集成和总装工作。

通过对飞机结构的模块化分解,波音公司有效降低了787飞机的整体研发和制造的复杂程度。对于像787飞机这种由海量零部件构成的复杂产品,对其结构层次进行有序合理分解,有助于流程和结果的可控和规范。通过对模块设计和制造过程中的质量与性能水平的控制,保证了最终产品的质量与性能,提高了复杂产品系统设计、制造过程的成功率。产品模块化以后,模块的供应商可以自行决策,使得分布式决策,并行开展设计、研发和生产制造成为可能,有效降低了管理和控制决策的复杂性。

二、供应商管控体系

在供应商管理方面,波音公司建立了供应商管控体系,通过各种绩效措施和控制手段激发供应商的活力,培育与供应商的相互信任机制,加强与供应商的协调。

波音公司采用了优选供应商认证、年度供应商奖、"金色维护"合作伙伴等手段来发挥示范效应。波音公司优选供应商认证体系是对供应商管理和评价的一套成熟方法,该体系分金牌、银牌和铜牌级别。成为波音公司的优选供应商是一种很高的荣誉,也证明了企业的精益制造水平和较高的产品/流程保证。

波音公司的优选供应商考核分为三大方面:统计过程控制(SPC)、业务流程(Business Process,BP)和绩效水平(Diversification Performance,DP)。通过现场考查打分和提交评估报告来综合评估,具体涉及多个考核分类,包括成本、质量、产品交付、组织领导、技术研发和支持保障等。

波音公司还设有年度最佳供应商奖项,包括多个分类奖项。其中,按专业有主结构、航空电子、机电系统、内饰等类别的奖项,每一类奖项均有多家提名,总提名数超过100家,但最后只选出一家公司获奖。主要是根据其产品质量、准时发货、成本和客户满意度等多方面因素综合评价推选。此外,在分类奖项中还考虑了许多因素,甚至包括设立小企业供应商、女性领导企业供应商等奖项,足见波音公司对于供应商管理的精细和用心。

"金色维护"是波音公司针对波音787飞机推出的一项全寿命管理服务,其服务模式是:以波音公司为主,组织一个全球分布的联合工作团队,按测算的波音787飞机单位飞行小时成本费用,为其提供维修、工程和零部件保障全包服务。而"金色维护"合作伙伴则是波音公司为实施"金色维护"服务而择优选择的合作公司,一般都是在产品质量、技术服务水平上得到全球认可的维修、部件以及技术支持供应商。例如,2005年波音公司选择的"金色维护"合作伙伴公司之一为瑞士航空技术公司(SR Technics)。该公司主要从事机体、发动机维修以及航材服务,具有很强的部件自修能力,承担瑞士航空公司的机队维修服务达40余年,同时也为世界上其他一些大航空公司提供全面的维修服务,是一家以高质量、低成本、维修周期短而著称的维护、维修和大修(MRO)供应商。

通过树立这些示范企业,波音公司逐步为供应链系统树立了群体规范,以此来影响和带动各成员企业经营理念和经营方式的改善,以达到提高供应链的协同性和供应链的整体绩效水平。

三、建立全球协作管理信息系统

波音公司通过建立全球协作管理信息系统来加强与各国供应商的沟通与协调，实现信息共享与同步。对于管理全球多层供应链，波音公司与其合作伙伴共同制订了技术结构，使用Exostar电子商务平台来实现其基本多层供应链的执行功能。Exostar是2000年由波音、洛克希德·马丁（Lockheed Martin）、雷神（Raytheon）、BAE系统（BAE Systems）和罗·罗等5家公司联合建立的，目的在于实现航空和防务领域电子商务的安全交流，该电子平台集成了先进的电子商务、数据挖掘、协同技术等信息技术。波音公司做出这一决定的重要原因是：波音787项目的30家主供应商中有27家已经在类似的项目中使用过Exostar平台共享设计信息和制造原料。作为一个合作伙伴可以访问的共享平台，Exostar提供了多层供应链管理功能，如交流计划时间表、矫正订单信息、跟踪库存和关键性能报告等。通过Exostar，波音公司与供应商之间建立了完善的电子商务接口。

四、经验教训

波音787项目采取的全球供应链模式是波音公司的创新管理模式之一，该模式在降低项目成本、实现专业互补的同时，也对项目管理提出了新的挑战。原定于2007年秋季开始的波音787飞机首飞推迟到了2009年12月，延迟了26个月；原定2008年5月首架交付客户的计划也推迟到了2011年9月，延迟了40个月。并且，在波音787飞机投入商业运营的初期，接连发生意外事故。2013年1月6日至16日，全日空和日本航空两家航空公司的波音787飞机在运营中连续出现了7起安全事故，包括电池起火、燃料泄漏、刹车装置故障、驾驶舱风挡玻璃出现裂痕、计算机系统误报等。为此，FAA和美国国家运输安全委员会（National Transportation Safety Board，NTSB）于2013年1月16日宣布暂时停飞美国所有的波音787机队，之后印度、波兰、卡塔尔等多国航空公司也宣布因安全问题暂时停飞波音787机队。

波音公司在对疑似发生问题的锂电池系统进行安全升级后，FAA于2013年4月19日批准了波音787飞机恢复运营，但此后又遭遇了一系列其他的技术故障。2013年11月24日，波音公司称出现了数起发动机结冰导致性能暂时降低的事件，之后由发动机制造商提出了相关解决方案。2014年3月7日，波音公司又宣布，由于三菱重工（Mitsubishi Heavy Industries）制造工序的一个变化导致缺陷问题，正在生产中的43架波音787飞机的机翼出现了细小裂缝。

波音787飞机制造与使用中接连暴露出来的质量问题表面上看是技术问题，深层次则是供应链出了问题，反映出波音公司在787项目供应商管理方面的缺陷与不足。

波音787飞机从产品研发、测试，再到生产组装，是一项极其复杂的系统工程，对供应链管理的科学性、高效性和及时性提出了挑战。以往，波音公司采取的是把生产部件直接外包给制造商的模式，而在787项目中，波音公司首先是选择一级供应商授予任务，然后由一级供应商将其承担的任务再次分包给二级甚至三级制造商。这实际上是将传统的产品外包变成了工程外包，由底层制造商完成部件和子系统生产后，层层将产品交付给上级供应商，再由一级供应商进行组装和整合后交付给波音公司。

这种新模式的好处是，波音公司只需要跟一级供应商直接打交道，而不必像从前那样应付数千家供应商，交到波音公司手上的也不是零散的部件，而是已经组装好的一个个大模块，这样可以大大缩短波音公司组装整机的时间，节省人力物力。但是，FAA对供应商并不像对波音公司一样有明确的内部检查规定，虽然供应商自身也有内部检查流程，但仍然有一些供应商达不到最低行业标准。而波音公司却忽视了这一点，没有对供应商提出要按照行业标准来进行质量控制的要求。在波音787项目中，供应商分担了项目的大部分技术成本和进度风险。外包工作量越多，超出主制造商监控范围的不确定因素就越多，对主制造商的掌控能力要求也越高。虽然供应商们都努力管理风险，但很多供应商，尤其是较低层级的供应商，都缺乏独立管理风险的资源和能力。全日空787客机锂电池起火事件后的相当一段时间内，主制造商都找不到问题的症结，给运营商带来了巨大的损失。

在质量管理问题上，一些供应商生产的部件在送至波音公司总装厂时甚至连使用说明都不是英文标识，大量本应由供应商完成的工作却推给了波音公司的总装厂，既增加了波音公司的负担，也耽误了项目的进度。不仅如此，一些部件在交付前未经过充分的质量测试，或者测试环境与整机测试环境并不一致，导致一些问题直至飞机投入商业运营时才被发现。由于下级供应商的制造质量难以保证，第一架飞机在波音埃弗雷特制造厂开始总装时，就出现了各模块之间尺寸误差超标的状况。波音787飞机遭到禁飞的起因之一就是日本汤浅公司（Yuasa Trading Co., Ltd.）生产的电池故障，布线设计上也出了纰漏；而主机翼出现细缝的问题也是主机翼供应商日本三菱重工和下级供应商更改其生产工艺引起的。

出于降低成本的考虑，波音公司将部分787客机部件外包给合作伙伴的策略无可厚非。但问题是主制造商只能对一级供应商进行有效管控，而对低级别供应商则鞭长莫及，这就埋下了风险隐患。波音公司也意识到了这一问题的严重性，从2012年起加强了对供应链的管理，在全球的一、二、三级供应商生产工厂，波音公司派驻了数百名工程师，他们协助其建立质量控制体系，解决各种各样的技术问题，同时还协助一级供应商对低层级的供应商进行评估检查。

第三节　波音公司鬼怪工厂的创新管理

鬼怪工厂最初是麦·道公司（McDonnell Douglas Corporation, MDC）下属专门从事研发和先进技术研究的机构，曾经设计了著名的F-4"鬼怪"战斗机。1996年末，麦·道公司被波音公司兼并，鬼怪工厂也随之成为新波音公司的一部分。鬼怪工厂与波音公司原来的研究机构以及同样被波音收购的罗克韦尔工作组紧密结合，不仅协助将波音公司的运营机构分成三个部分来开发新产品，还作为一个通用技术孵化器来改进整个波音公司的制造流程，加强了研制与开发新产品的实力，推动着关键技术在整个波音公司的应用与发展。

一、鬼怪工厂的任务宗旨

鬼怪工厂对自身的目标与宗旨有着明确的定位，其主要任务是新概念、新工艺、新系统以及各类先进技术的开发工作，目标是在3~7年内使技术达到成熟并转化应用到型号研制中，缩短技术和工艺从研究开发到生产之间的距离；同时关注未来7~20年的技术领域，这些技术往往不与产品挂钩，而是作为未来发展的技术储备。因此，鬼怪工厂研发的多为高精尖技术，这些技术具有很强的超前性、开创性，当然也伴随着难以预测的高风险。

进入21世纪，鬼怪工厂的业务已涉及整个波音公司并支持公司所有的业务部门，其任务是成为波音公司创新的催化剂，贡献技术上的突破，显著缩减波音产品与服务的生产周期和成本，同时改善质量和性能。

二、鬼怪工厂的管理方法

波音公司兼并麦·道公司之后，鬼怪工厂在研发与管理创新模式上秉承融合了原麦·道公司与波音公司的优点，同时学习借鉴了洛克希德·马丁公司臭鼬工厂（Skunk Works）管理模式的精髓，创造出了具有自身鲜明特色的技术研发与管理模式，其管理方法的主要特色表现在以下几方面。

（一）统筹的科研管理

有效的科研管理是科研工作的倍增器。从某种意义上来讲，科研管理能力要比单纯的科研能力更为重要。鬼怪工厂的科研管理采取了系统性很强的组合管理方法，其项目管理、科研计划、资金管理等协调一致，都是在一个统一的思维和目标下来制定的，避免了管理与技术间不同步对于科研活动的影响。

（二）人员的流动管理

鬼怪工厂的员工并不是固定聘任，而是由外部循环聘入与流出，每年循环10%的人员。他们进来时从事技术工作，出去后就可从事项目管理工作。鬼怪工厂的项目人员不一定都在同一地点工作，身处异地的项目人员可以通过先进的网络平台进行协同工作。鬼怪工厂是项目管理人员一个大的学习平台。每年有数百个小型技术项目，每个项目仅有2~4人。项目规模虽小，但小型项目所涉及的问题与大型项目是一样的，因而参与人员在完成技术工作的同时也得到了项目管理的锻炼。

（三）项目全过程的强化监控

鬼怪工厂注重对科研项目全过程的密切监控，对产品开发流程中的各个阶段确定清晰明了的决策评审点。决策评审点有一致的衡量标准，只有完成了规定的工作才能够由一个决策点进入下一个决策点。例如，在参与"美国陆军未来作战系统"（Army Future Combat System，FCS）项目时，由专人负责项目的全程监控,如果发现产品研制工作出现了问题,可及时终止该部分工作继续进行。加强对各发展阶段的试验测试,也是为系统开发、综合和确认阶段提供快速反馈,降低项目风险的重要环节。

(四)及时的战略调整

麦·道公司时期的鬼怪工厂曾一度因为过于追求技术的超前性而忽略了实用性,使得麦·道公司在美国20世纪90年代的三大军机项目竞争中均告失利。痛定思痛,鬼怪工厂及时调整发展战略,转变研发重点。例如,在"先进战术战斗机"(Advanced Tactical Fighter,ATF)和"联合攻击战斗机"(Joint Strike Fighter,JSF)项目竞争失利后,鬼怪工厂敏锐地察觉到美国国防部未来将加大网络中心战技术的发展,因此及时将科研重点转向了网络中心战技术领域。由于该技术领域需求大,竞争还不太激烈,从而提供了更多的未来发展空间。如今的鬼怪工厂以开创航空航天的未来为己任,致力于创新的、成本适中的航空航天解决方案,成为波音公司的创新孵化器。

(五)先进管理工具的应用

鬼怪工厂采用了先进的管理工具以提高科研效率。例如,在波音777项目和F/A-18E/F研制中都广泛采用了异地并行工程的方法。通常,在产品开发过程中,上层技术依赖于下层技术,如果一个层次的工作延迟了,将会造成整个产品开发时间的延长。异地并行开发模式的基本思想是将不同层次工作由不同的团队同步开发完成,从而减少下层对上层工作的制约。美国国防部和美国空军的调查表明,并行工程能使研制费用下降30%~60%,研制周期缩短35%~60%。

(六)充足的科研经费与灵活的经费管理

鬼怪工厂的研发工作主要有两大资金来源:三分之一来自波音公司内部,三分之二来自于竞争所得的政府与军方项目经费。波音公司每年会将3%的收入投入研究和开发工作,鬼怪工厂可得到其中约四分之一,经费数目较为可观,这为鬼怪工厂开展技术研发工作提供了有力的经费保障。鬼怪工厂在科研经费管理上十分慎重,一般每年要历时6个月进行科研预算的制订,从上一年的7月份到年底制订下一年的科研计划与经费分解,慎重的科研投资策略有利于确保技术产品发展。

(七)规范的质量管理

鬼怪工厂在21世纪初就通过了ISO 9001:2000及AS 9100:2001认证。在研发工作质量管理中,鬼怪工厂以ISO 9001: 2000为主要质量管理标准,以AS 9100:2001为补充,严格按照相关条例贯彻实施。

(八)必要的风险管理

前瞻性的科研项目存在着失败或成本显著提高的风险,而高风险的投入也往往意味着高回报。在进行这样的项目时,必须确保具有光明的发展前景,并想方设法将项目风险降低到最小。例如,鬼怪工厂在X-37B的研制中采用了渐进式开发方法。所谓渐进式开发,就是在研制复杂的武器系统和高度综合的技术时采用系统性的、渐进式的步骤来处理,而不是花费大量工作研究大型的、高成本的单独操作的原型飞行器,不能过度追求技术的先进性而忽视了技术本身发展的渐进性。X-37在前期由于采用的新技术过多而失败,2002年被取消,2003年重新恢复研制,但是其任务已改变,转为主要验证空天飞机的自主进场与着陆能力。2006年X-37B开始研制,其任务是演示验证多种试验和技术,包括高耐久、高温热力学保护系统,耐储存、无毒液态推进剂,以及重要的新空气动力学特性等。2010年4月,X-37B成功首飞(见图3-10)。

▲ 图3-10 X-37B轨道试验飞行器

在 F/A-18E/F 的研制中，为了保证产品的质量、进度和成本得到控制，降低技术风险，鬼怪工厂大量使用了成品设备和部件。飞机的航电系统大部分采用 F/A-18C/D 型飞机已有的航电系统，发动机为派生型设计，这种低风险的方式有利于让项目的成本和进度达到要求。

三、鬼怪工厂的创新与变革

技术创新是大型企业的立业之本，一流的企业必须具有一流的创新能力。波音公司的企业文化强调创新与变革，公司给予员工的知识和技能不仅仅是让他们去应对变革，还要掌握变革，主动推陈出新。而鬼怪工厂则可以说是波音公司创新的源泉，规划着波音公司的未来。

（一）鬼怪工厂的创新方法

在鬼怪工厂，任何能够应对客户所面临挑战的新系统概念都是一组创意的组合，涉及多个因素，需要真正了解解决问题的各个方面并巧妙地应用技术，才能提出创新的解决方案。为此，鬼怪工厂专门设立了一个由公司内部资深科学家和工程师组成的团队，了解限制技术创新的相关问题，并负责挑选、评估、资助和培养好的创意，从而为众多系统发展新技术。

鬼怪工厂还发展出一套称为 I2I(Ideas to Innovation)的创新方法。I2I 是一套类似头脑风暴的创新方法，被鬼怪工厂广泛应用于内部管理以及防务业务。例如，客户在临近节点时才发布招标书，要在最短的时间内做出反馈并给出建议，应用 I2I 的方法就可以实现。典型的 I2I 创新活动流程如下：

- 发起人利用软件（如 Idea Central）发布需要的创新内容，征集所有员工的意见。
- 对全公司范围内可以征集创新意见的目标参与者进行定位。
- 参与者在网页上提交创意以及创意所需的支持文件，提出问题和建议，并对其他人的创意进行投票。
- 发起人对参与者的提案进行审查，选出最具潜力、创新性和可行性的方案，再提出问题进一步明确方案细节，完善方案。

鬼怪工厂的管理人员认为，I2I 方法是能够让员工的聪明才智为公司做出贡献的最直接方式；而对于企业来说，则是以前所未有的深度、广度高效利用了人才的专业知识,节约了大量的时间和成本。

(二)精益技术的研究与应用

鬼怪工厂认为精益工程、精益生产和精益供应商管理是实现精益企业的推动力,因此一直致力于这方面的研究。其中,精益工程主要采用了三维分布参数模型、虚拟生产、基于模型的定义、单一来源产品数据、虚拟合作等手段;精益生产采用了产量研究、可变性缩减/统计过程控制、高效能工作机构(High-Performance Work Organization,HPWO)、加速改进车间(Accelerated Improvement Workshop,AIW)、先进技术装配、操作员验证等方法;而精益供应商管理则包括精简供应商、选择持证供应商、供应商合伙人化、加强综合产品小组的参与等等。通过这些过程和方法,可以减少重复工作和产品定义更改,优化生产流程,从而实现明显的成本和周期的缩减。这一系列方法的应用,为鬼怪工厂的产品研发过程带来了范式上的根本转变,无须制造成本高昂的硬件原型,生产出的系统就能够具备很高的效用、耐用性、性能和质量。

(三)广泛开展创新合作

鬼怪工厂并不受既定业务规划的限制,而是注重收集和培养创意,广泛开展外部与内部的创新合作,其关键能力不仅在于创造出新的技术解决方案,还在于提出新的应用概念,以充分利用新技术带来的优势。鬼怪工厂试图从各种来源获得创意,包括员工、客户、大学和供应商等。为了实现创新目标,鬼怪工厂经常与大学开展合作,以赢得政府的研发合同;用客户的语言与客户沟通,说明新技术对客户和利益相关者的价值,而一旦项目进入了系统设计和发展阶段,鬼怪工厂就会将项目和团队转交给波音公司的其他相关业务部门。

此外,鬼怪工厂还通过参与世界范围内的风险投资基金扩展其研究、研制和创新能力。例如,鬼怪工厂向加拿大的TechnoCap公司投资了1 000万美元。TechnoCap公司的主要业务是促进加拿大高技术公司的发展,通过投资TechnoCap公司,鬼怪工厂就可以接近大量的高技术公司,特别是那些致力于网络硬件和企业软件与服务的公司。

(四)重视培养创新文化

作为一种管理方式,企业文化反映了管理工作的高层次追求,强烈影响着企业员工的行为方式,并通过过程和行为等体现在企业的技术实践和管理实践中。企业文化不仅强化了传统管理的一些功能,而且还具有很多管理无法替代的功能,包括凝聚、导向、激励、约束等,这些功能可以直接或间接地提高企业的竞争力,推进企业的整体发展。

波音公司的企业文化十分强调创新和变革。波音公司认为,公司给予员工的知识和技能不仅仅是让他们去应对变革,还要掌握变革,主动推陈出新。鬼怪工厂可以说是波音公司创新的源泉,在"永远开创新的领域"这样的创新文化的熏陶下,鬼怪工厂的员工在技术研发领域不断推陈出新,规划着波音公司的未来。

(五)系统工程在创新研发中的应用

为了对企业级的技术研发进行有效管理,波音公司通过其下属主要业务部门之间的协作,建立并实施了一套基于系统工程和战略驱动的研发工作流程,称作"全球企业技术系统"(Global Enterprise Technology System,GETS)。这套以波音公司主要研发工作为对象的技术管理流程,为鬼怪工厂的创新研发工作提供了指导。

1. 建立 GETS 的目的

大型企业必须拥有对横跨多领域的创新活动进行管理的方法,而这种方法应该是以一种具有集中性、连贯性,并且不影响创造力的方式进行的。如果没有明确和系统的流程对创新进行管理,那么可以认为这家企业是以一种"个性化驱动"的方法进行决策研究的。在个性化驱动型研究方法下,技术方法的应用更多是基于偏好和直觉,而非对整个企业及其机遇进行系统化思考。个性化驱动型研究管理是具有风险性的,因为利用这种方法做出的决策很容易忽略广泛的战略投入。

在开发 GETS 的过程中,波音公司有几个关键目标,对工作流程的要求如下:

- 高度协作——在创新过程中,吸引不同类型的参与者一起工作。
- 系统化——应用系统工程原理和流程概念。

- 精益化——使企业级的研发能够有力、有效地响应波音公司的业务需求。
- 持续改进——对技术方法应用的管理能够适应企业的需求和机遇中出现的变化。
- 可跟踪——确保研发工作与商业需求的明确关系。
- 促进高水平的创新、实验及发现。
- 对未来与近期的研发工作进行适当关联。
- 适当吸引外部及全球的研发资源(如:实验室、大学及其他公司)参与研发工作。
- 对于复杂工作的管理,其管理方式应能使参与者了解他们需要知道的内容及需要知道的时间进度,而无须忙于其不需知道的细枝末节。
- 简单明了——使参与人员能够迅速了解他们如何为项目作贡献以及如何与他人进行协作。

从本质上讲,大型的、拥有多元化业务的企业技术研发流程都会面临挑战。在提升创新的同时,如何平衡多种需求,既实现近期的价值同时又开拓未来的机遇,这种近期与未来相结合的技术开拓工作有时被称作"量入为出"的研发工作。这种研发工作需要不断随时间对商业战略需求做出响应,在加速新产品开发、减少不必要的重复工作的同时,为未来的研发目标奠定基础。

这项工作面临的主要挑战包括:

- 如何建立一套方法,通过该方法,企业的主要支柱业务领域之间能够相互知晓各自不断变化的战略需求,然后将这些领域和需求整合,找出对企业未来业务至关重要的技术领域。
- 如何推动产品开发人员与技术人员之间的交流,以起到对技术发展的"推带"作用。
- 如何帮助流程中相关负责人明确自己的职责,以及为其提供灵活的方法,使其能够有效开展工作。
- 如何管理在公司产品、服务和市场中体现的诸多技术的内在复杂性。
- 如何适当地均衡利用外部资源开展技术创新工作。
- 如何开展更多的跨学科创新,例如对多领域的新兴技术进行整合,从而形成创新解决方案。

2. GETS 创建过程

GETS 的创建工作始于 2003 年，来自波音公司主要业务部门的参与者经过三年的努力得以完成，创建工作共分为五个阶段。

(1) 评估研发流程

波音公司拥有一套对技术和产品开发进行管理的通用模式，可用于指导企业各个部门建立自己的研发管理流程，它侧重于企业为产品及技术的未来而进行创新时所应考虑的关键流程要求。在开发 GETS 的最初流程框架时，采用该模式进行评估有助于开发工作的开展。

(2) 举行流程开发研讨会

以通用流程模式形成 GETS 的最初流程，对使用通用模式可能采用的方法进行开发和探讨。通过研讨会，对初步的流程进行概述，初步流程包括应用特定技术方法所需的基本流程步骤。然后，通过适当的方法增加这些流程步骤。

(3) 条理性审查

将主要的流程相关者（例如产品开发和技术开发部门的领导）聚集到一起，对流程进行广泛的条理性审查。评审意见有助于对初始流程进行改进，并可以增强对改进流程的理解与认同。在 GETS 条理性审查阶段，共收集并处理了 250 多条意见。条理性审查流程的一个好处是在对比他人的需求过程中，流程各相关者得以了解，并且通过力求将系统作为一个整体进行考虑的方式形成书面解决方案。

(4) 部署和持续改进

GETS 流程已经成功应用于鬼怪工厂不断改进的技术管理上，因此该流程一直在进行推广与完善，波音公司的多个团队都已深入参与。流程中的各种办法正在不断改进，从而帮助各部门协同工作实现公司的业务目标。

(5) 流程扩展应用

用于开发初始流程的同一通用流程模式也可以用来推动该流程以新方式延伸应用，覆盖不同的业务领域，例如外部研发关系。方法是相同的，即以参考模式开始，评估考虑流程的主要目标和环境，然后形成一个明确、相关、贯通的本地流程。例如，波音公司总部与下属的国际子公司之间的协作便采用了该方法，为共同研发工作打下一个全新的基础。

3. GETS 的内容

GETS 整个流程包含了四个连续步骤,称为"4D":探索、决策、开发、部署(Detection, Decision, Development, Deployment),可以认为这是技术开发在不同层次上连续进行的四个并行步骤,形成一股创新价值流(见图3-11)。

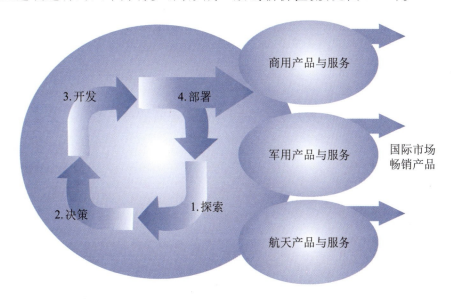

▲ 图 3-11　GETS 流程顶层四步骤

(1)"探索"阶段

首先,各个产品项目开发团队要基于最新的技术领域信息,分析研究当前技术状况与未来的发展趋势,开拓创新,提出更为前瞻的技术概念,指出今后应努力研发的大致方向。这种探索方式需要将有关技术专家、产品专员、市场分析员等多方人士聚集在一起,每一个人都运用自己的专业知识来帮助发现并弄清未来可能的机遇,例如先进结构、航空电子技术或者纳米技术等新兴技术如何能够应用于未来的产品和服务？环境技术或者系统集成概念如何支撑未来客户的各种需求？通过各个领域专家的创造性探讨,明确什么是市场上"想要的"和什么是掌握技术后"可能实现的"。

(2)"决策"阶段

"决策"阶段吸取了"探索"阶段的成果。应能回答这样的问题:关于未来已经了解了什么？有什么新机遇已经出现？什么样的设想已经发生了变化？

什么样的重点领域正在改变？对做出的决策需要进行批判性评估；要审视机遇与需求，理清轻重缓急；对比重点领域，找出公共关注的新兴主题以及它们随着时间可能发生怎样的变化。为了促使相关研究的开展，要用这些主题类的需求来为它们"撒下种子"，以便应对这类需求。

（3）"开发"阶段

"开发"阶段是关于如何采用技术方法开展工作。技术专家们为各类拟订的研发工作制订计划，然后在现有的资源约束下加以实施，开发将来需要的能力。在向最终技术目标迈进的过程中，本阶段着重关注其中的焦点和效率。为了确保这些项目按照计划进行，需要不断地对其进行评审。基于不断发展的需求，这些主题技术计划也许会随时间而扩大，生成企业所需的关键技术。

（4）"部署"阶段

"部署"阶段主要是把在研发计划中形成的诸多能力"部署"到企业各业务部门内更加专业化的开发工作中去，并且有必要将其应用到将来的产品上。根据每个技术领域的性质，从"探索"到"部署"的时间可能会有所不同。在理想的情况下，一项定位清晰的研究计划将会随着时间的推移给业务带来许多可用的能力。为了进行有效部署，对于一种给定技术，在创新流程中就应该尽早考虑到"部署"阶段。

4. GETS 的系统工程概念

鬼怪工厂将 GETS 流程看作是将系统工程的思想应用于研发工作中。波音公司在大规模系统工程领域拥有丰富的经验。从波音 787"梦想客机"的开发，到国际空间站，再到客户化定制的"空军一号"，波音公司以开发这些大型工业化产品而闻名。因此，当波音公司思考如何管理未来的产品和技术研发工作时，自然会想到将系统工程思想应用其中。4D 就是将系统工程应用到了技术管理中。图 3-12 展示了如何将 4D 阶段绘制到"系统工程 V 形图"中。"探索"等同于开发未来需求，为产品和技术发展发现一系列的机遇。"决策"是要用批判性思维来筛选方案，设计出拟投资的最佳技术组合。"开发"是运用项目管理最佳地开展工作，始终保持项目的总体技术组合与远期目标一致。"部署"是在业务领域内传递技术以及其他能力，并使其发挥预期作用。

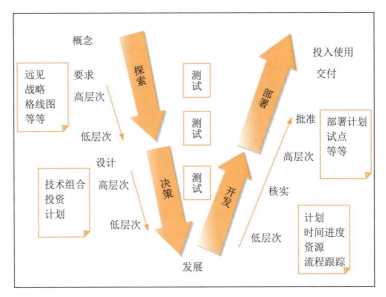

▲ 图3-12　4D阶段应用于系统工程V形图

5. GETS建设经验与推广建议

（1）平衡企业的业务多样性

认清企业不同业务领域间固有的差异，明确哪些领域可满足哪类市场和客户。不要为了追求共同点，迫使流程变得相同。尝试理解在业务工作中的"合理共同点"应该是什么样的。当因协作而将它们关联时，也要留给它们各自开展工作所需的灵活性。

（2）运用基本的工程流程改进准则

流程的成熟性至关重要。建立一个各利益相关方都能参与的流程，并引导他们一起得出答案，对整体业务有所帮助。流程要足够的标准化，使其具有可重复操作性，然后随时间的推移，将重点放在对流程的改进上。

（3）不要忘记创新中人的因素

要使用训练有素的人力资源。当工程师和技术负责人能朝着共同目标有效协作时，才能带来最佳效果。要实现这一点，有时需要一位懂得团队流程的人帮助更为有效地开展协作。

（4）将目的明确的创新目标牢记于心

创新的目的不是为了拥有世界上最谨小慎微的流程，而是为了建立一个令人满意的流程结构，通过在竞争中保持领先地位进而在市场上保持强劲势头。这便是研发流程有效性的最终衡量标准。

(5)在整个流程中培养大力协作精神

创新并不只是一个人的绝妙想法,它是以产出创新能力为结果,将很多人的创新想法结合在一起,通常只通过一种功能或一位技术专家是不能获得这些能力的。最佳的创新应着重于将来自不同领域的创新能力结合在一起,为客户提供令人信服的功能。

(6)确保流程和方法清晰明了

清晰简明的流程有助于人们更快地明白他们能够如何参与进来,并付出自己的精力,贡献自己的思想。对于研发流程来说这一点尤为重要,因为几乎任何新想法都要求多重功能来将它付诸实践。

小 结

本章通过C-17项目的过程管理、787项目的供应商管理以及波音鬼怪工厂的创新管理三个实例,介绍了波音公司质量管理的独到之处。无论在航空产品研制的质量管理模式与方法,还是供应商的有效质量管控,抑或是技术研发的创新管理等方面,波音公司都堪称是首屈一指的世界级航空航天企业。

在C-17项目中,波音公司创新开发了基于过程的管理(PBM)方法,并结合波多里奇准则加以成功应用。在该方法中,波音公司总结了基于过程的组织特征;为C-17项目的价值链建模,定义了5个核心过程和3个支持过程;给出了实施PBM方法的7个步骤。在实施PBM方法的过程中,波音公司还开发了基于过程的管理系统(PBMS),用以帮助过程责任人记录过程和测量,包括收集和概括过程绩效数据以及存储所有过程信息。通过PBM方法,波音公司整合了围绕业务过程的全部管理工作,简化了管理人员的日常业务管理方式,显著提升了C-17项目的过程绩效和质量。

在波音787项目中,波音公司采用了风险合作伙伴模式开展研发工作。首先从全球供应商中选择几十家一级供应商作为风险合作伙伴,授予他们设计、开发和生产权限以及项目责任,让其更多地承担起自行研发、设计和制造综合系统的任务。这些一级供应商又以同样的方式与次级供应商建立了同样的关系,以此类推,组成全球供应链结构。波音公司将这种风险共担的运作方式扩展到了参与787项目的众多供应商,从而降低研制风险。在供应商管理方面,波音公司建立了供应商管控体系,通过各种绩效措施和多种控制手段激发供应商的活力,培育与供应商的相互信任机制,加强与供应商的协调。此外,还建立了全球协作管理信息系统来加强与全球供应商的沟通与协调,实现信息共享与同步。

波音787项目所采取的全球供应链模式是波音公司的创新管理模式之一,但该模式在降低项目成本、实现专业互补的同时,也在制造与使用中接连暴露出一些质量问题。这些问题从表面上看是技术问题,深层次则是供应链出了问题。主要原因是在波音787项目中,供应商分担了项目的大部分技术成本和进度风险。外包工作量越多,超出主制造商监控范围的不确定因素就越多,对主制造商的掌控能力要求也越高。虽然供应商们都努力管理风险,但很多供应商,尤其是较低层级的供应商,都缺乏独立管理风险的资源和能力。主制造商只能对一级供应商进行有效管控,而对低级别供应商鞭长莫及,这就埋下了风险隐患。波音公司后来意识到这一问题的严重性,采取措施加强了对供应链的管理,并派驻工程师到全球一、二、三级供应商的生产工厂,协助建立质量控制体系,解决各种各样的技术问题,同时还协助一级供应商对低级别供应商进行评估检查,使质量问题隐患逐步得以解决。

在创新管理方面,鬼怪工厂作为波音公司的顶尖研究机构,成为了波音公司创新的催化剂,并通过不断贡献技术上的突破,缩减波音公司产品与服务的生产周期和成本,改善质量和性能。鬼怪工厂的管理方法主要表现在:统筹的科研管理、灵活的人员流动、有效的项目全过程监控、及时的战略调整、先进管理工具的应用、充足的科研经费保障与灵活的经费管理、规范的质量管理、必要的风险管理等。在创新方法方面,鬼怪工厂发展出了一套称为I2I的创新方法,在科研工作中可高效利用员工的专业知识,节约大量的时间和成本。此外,鬼怪工厂还致力于精益工程、精益生产和精益的供应商管理等方面的研究与应用,广泛开展外部与内部的创新合作,注重创新文化的培育,从而减少了重复工作、优化了生产流程,在技术研发领域不断推陈出新。为了对技术研发进行有效管理,波音公司还建立并实施了一套基于系统工程和战略驱动的研发工作流程——全球企业技术系统(GETS)。鬼怪工厂将GETS流程看作系统工程的思想广泛应用于研发工作中,结合前述的各类创新管理方法,通过高度协作化、系统化、精益化地开展研发工作,促进了波音公司产品创新性发展,技术水平始终处于业界领先地位。

综上所述,波音公司在产品研发与技术创新过程中,通过建立先进的质量管理体系,制定、贯彻覆盖产品全寿命周期的质量管理标准,开发、应用一系列有效的质量管理模式与工具,总结了一整套技术创新管理方法。在航空产品研制、生产质量管理、技术创新等方面取得的卓有成效的业绩,使波音公司成为世界一流的航空航天企业。

第四章
波音公司获得的最高质量荣誉

在全球所有的国家质量奖中,最为著名、影响力最大的当属日本戴明奖(Edward Deming Prize,见图4-1)、美国马尔科姆·波多里奇国家质量奖(Malcolm Baldrige National Quality Award,见图4-2)以及欧洲质量管理基金会(European Foundation for Quality Management,EFQM)卓越奖(原欧洲质量奖(European Quality Award,EQA),见图4-3),这三大世界质量奖被称为"卓越绩效模式的创造者和经济奇迹的助推器"。

▲ 图4-1 日本戴明奖

▲ 图4-2 美国马尔科姆·波多里奇国家质量奖

▲ 图4-3 欧洲质量奖

波音公司质量管理

1998年和2003年,波音公司运输机与加油机事业部以及波音公司航空航天支持部分别获得制造业类和服务业类美国马尔科姆·波多里奇国家质量奖,创造了为数不多的同一家公司两获美国国家最高质量奖项的历史。

第一节　美国马尔科姆·波多里奇国家质量奖

马尔科姆·波多里奇国家质量奖(以下简称"波多里奇奖")是世界上层次最高、影响最深远、知名度最广的国家级质量奖。相比日本戴明奖,虽然波多里奇奖的设立时间晚了37年,但它的质量含义更广泛、核心价值观更明晰、评价体系更科学系统。相比欧洲质量奖,虽然两者创立时间相近,但波多里奇奖始终坚持高标准严要求的传统,只评审底线以上最优秀的企业。因此,波多里奇奖在获奖难度上远高于其他质量奖,该奖项只认可出类拔萃的组织,每年只授予2~7家具有卓越成就、不同凡响的企业。整个创奖的过程就是追求卓越、实现世界级质量管理水平的最佳实践过程。所以,波多里奇奖被全世界推崇为国家级质量奖的终极代表。

波多里奇奖的核心是定点超越,可以分两步进行:第一步,本企业与历史同期相比所取得的进步,这能够让企业拥有继续前进的动力;第二步,将本企业的业绩与同行业最好企业的业绩进行对比,找出差距,以激励企业不断奋起直追,迎头追赶。

1987年设立之初,波多里奇奖仅包括制造业、服务业、小型企业三类。1998年,时任美国总统克林顿签署法案修正案,从1999年开始,波多里奇奖的授奖范围和对象正式扩大到教育和医疗卫生领域,2004年进一步扩展至非营利性组织和政府机构(实际2007年开始评定)。

自1988年起至今,全美共有2 000多家(个)组织(有的组织不止一次)申报波多里奇奖,经过资格审查、上报材料的书面评价及现场评审的层层筛选,总共颁发了120余座波多里奇奖杯,也就是说,只有约6%的申报组织最终获得了波多里奇奖,其余约94%的组织会在评选过程中被淘汰。这样低的获奖率,反映出最终获奖企业卓越的质量水平绝对当之无愧。

一、创立背景

20世纪60年代末,美国经济增长放缓,生产率出现下降,同时企业赢利能力也大幅下降,全美企业的质量问题导致平均额外成本已经占到总销售额的20%。到20世纪80年代,美国市场已经完全被日本占领,美国企业在产品质量和过程质量方面的领导地位受到国外竞争对手的严重挑战。此时,日本的企业和产品在全球大获成功,日本企业所遵从的全面质量管理(TQM)理念迅速在世界各国普及推广,并且在实践中衍生出了顺应时代变化的质量管理理论和方法。美国摩托罗拉公司在总结日本TQM经验的基础上,提出了"六西格玛"(6σ)管理方法和"客户全面满意"(Total Customer Satisfaction, TCS)概念,获得了巨大成功。

由于美国企业遭遇了前所未有的内外部恶劣生存环境,很多有远见的美国工商界人士和一些政府领导人开始认识到,在更加苛刻和激烈的全球一体化市场竞争下,提升美国企业的产品质量已经刻不容缓。在此背景下,很多政府和企业界人士对于TQM活动表现出极大的兴趣,他们建议,设立一个类似日本戴明奖的国家质量奖,帮助美国企业开展TQM活动,提高美国企业的产品质量、劳动生产率和市场竞争力。

时任美国商务部部长的马尔科姆·波多里奇(Malcolm Baldrige)认为,TQM是美国经济繁荣和国家强大的关键因素。在他的推动下,美国众议院科学技术委员会召开了一系列听证会;同时,他还帮助起草了国家质量改进法案的初稿。为了表彰马尔科姆·波多里奇为推动美国质量振兴所做出的不懈努力和卓越贡献,1987年8月20日,时任美国总统里根签署了以其名字命名的《马尔科姆·波多里奇国家质量改进法》。依据该法案,以马尔科姆·波多里奇命名的美国国家质量奖诞生。

二、要点

《马尔科姆·波多里奇国家质量改进法》是波多里奇准则的根源,其要点体现在以下八个方面:

• 美国在产品和制造质量方面的领导地位受到严峻挑战。在1987年前的20多年中,美国整体的生产率增长远低于竞争对手。

- 美国的工商界已经认识到，在美国国内因质量造成的企业平均额外成本已经占到了总销售额的20%。改进产品和服务质量与提高生产率、降低成本、增加赢利能力息息相关，并且迫在眉睫。
- 制订一份质量与质量改进项目的战略规划，对于美国国家经济的良好运行和提高美国在全球市场上的有效竞争力变得日益重要。
- 改进现场管理水平、鼓励员工使用质量工具、加强统计过程控制（SPC），将对提高产品质量和降低成本产生重要作用。
- 质量改进理念适用于所有企业/组织。
- 为了实现目标，质量改进项目必须以管理为先、客户为本，这需要组织在运行模式上进行根本性改变。
- 一些工业化国家已经成功地用给予特别承认的方式，把国家质量奖授予经过审核且被确认为卓越不凡的企业。
- 在美国建立全国性的质量奖励计划将会在以下四个方面改进质量和生产率：

——帮助和激励美国公司，为获得荣誉而改进质量和生产率，从而提高利润，获得更大的竞争力；

——表彰在改进自身产品和服务质量方面取得成就的公司，并为其他公司树立榜样；

——为工业、商业、公共和其他领域的组织评估自己的质量改进效果提供指南和样板；

——通过详细评价指标，使人们了解一个组织怎样才能成功地改变企业文化从而获得卓越绩效，并为其他希望实现卓越质量和绩效的美国公司提供特别指导。

三、宗旨

波多里奇奖的三大宗旨如下：

- 帮助组织改进绩效的实践、能力和结果，当发现特定的问题时，企业可以及时做出决策，提升其短板。
- 帮助所有美国企业建立起沟通渠道，分享最佳的实践经验，从而潜在地增进和提高企业的生产率；帮助发现该领域中顶尖的组织，并帮助他们达到更高的平台。这是波多里奇奖创奖流程中非常关键的一部分。

- 提供一种真正可操作的工具,用于管理组织绩效,指导规划活动,创建学习型组织。战略规划是应用波多里奇准则的一个重要方面,每一家申请波多里奇奖的企业都必须附上短期和长期的规划目标。

四、组织管理

美国国家质量奖属于政府奖项,美国国会指定美国商务部下属的美国国家标准技术研究院(National Institute of Standards and Technology,NIST)管理波多里奇奖(同时吸收了一些民间私营机构参与)。美国质量协会(American Society for Quality,ASQ)在NIST的指导下,在波多里奇奖申请评审过程中和起草有关文件方面为行政管理机构提供相关的专业咨询和服务,并对波多里奇奖相关的质量概念、原理和技术进行研究、改进和提高。

波多里奇奖建立在各级政府与企业密切合作的基础上,图4-4从结构上展示了政府与企业的合作关系。同时,为保证评奖工作正常有序进行,ASQ还组织成立了监督委员会和审查委员会。其中,监督委员会由美国经济领域的杰出代表组成,由美国商务部部长直接任命,是美国商务部质量工作的顾问性组织,对波多里奇奖的实施过程进行全面监督。此外,该委员会还负责向商务部部长和NIST执行官提出修改评奖标准的建议,使得波多里奇奖评选活动能够不断在改进中发展。审查委员会由美国商业、医疗和教育等组织的领导、专家组成,负责对申请质量奖的组织进行评审,并反馈评审报告。

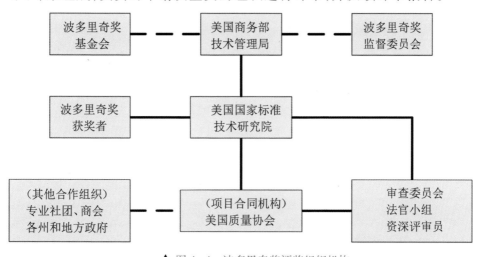

▲ 图4-4 波多里奇奖评奖组织机构

五、影响力

自从1988年颁发了第一座奖杯后,波多里奇奖的声望逐年提升,其卓越绩效模式和获奖组织在全球范围内获得了赞誉和效仿,对促进美国企业组织质量改进发挥了重要作用。波多里奇奖对美国经济产生重大影响,主要体现在以下五个方面。

1. 促进了企业质量意识的全面提升

波多里奇奖设立后,美国州政府和各级地方政府借鉴国家质量奖的标准相继设立了自己的质量奖励计划,且呈现不断增长的趋势。美国众多企业通过采用波多里奇奖的卓越绩效评价准则,将企业发展聚焦到改进产品质量上。美国商业委员会曾经组织过一项调查研究,结果显示大部分企业在使用波多里奇奖的卓越绩效评价准则后,在产品质量、客户满意度、市场份额和企业盈利上都有较大提升。同时,波多里奇奖在评奖过程中为美国培养了一大批遍及上百个行业的评审人员。作为质量管理领域的专家,评审人员为企业带来了丰富的质量管理专业知识,对企业产品质量的提升产生了积极的影响。

波多里奇奖不是对企业本身产品的认可,而是对获奖企业/组织产品和服务质量、人力资源和客户管理杰出业绩的承认和鼓励。1987年通过的《马尔科姆·波多里奇国家质量改进法》中明确规定,获奖企业可以利用企业获奖的机会进行宣传,这一举动为提高公众和企业对质量改进重要性的认识做出了贡献。同时,获奖者在"追求卓越"年会上所做的管理策略和成功经验分享,为提升全民质量意识带来了积极影响。

2. 间接创造了良好的经济效益

获得波多里奇奖并不会为企业带来直接的经济效益,但是美国北卡罗来纳大学经济系教授艾尔伯特·林克(Albert Link)等人曾经发表的一份研究报告显示,在1988—2000年这13年间,波多里奇奖给美国国民经济带来的直接经济效益就达250亿美元。而同期波多里奇奖的总运营成本约为1.19亿美元,效益与成本比约为210∶1。

3. 提升了产品质量与核心竞争力

一方面,波多里奇奖的卓越绩效评价准则有利于组织管理实现重点突出与全面兼容的结合,有利于组织制定科学的质量管理体系构架和目标,帮助组织正确评价、引导和规范所属各部门和员工的行为,改进客户服务质量并提高企业整体绩效,从而有力促进组织产品质量提升。另一方面,波多里奇奖主要通过把组织的改进传递给客户以及进行全面的企业改革来提升组织的竞争力。

4. 提高企业管理水平追求卓越经营

根据波多里奇奖的卓越绩效评价准则,质量工作目标发生了质的飞跃,已不仅仅是为了达到既定的产品质量指标,实现零缺陷,更多的是通过实现客户满意达到卓越经营。因此,组织需要实现更低的成本、更及时的供货、更强烈的客户导向型设计以及更优质的服务和产品质量,这一切涉及组织的高层管理、机构设置、企业文化、激励机制、生产体制、营销体制、信息系统和资金运营等诸多方面。基于此,波多里奇奖要求组织持续不断地强化和全方位、多维度改进质量工作,从而带动和实现组织整体管理水平的提高,实现从"卓越经营"到"卓越绩效"的质变。

此外,审查委员会将对每一家提出申请的组织反馈评审报告,指出其优劣势,创奖的过程实际就是对一个组织生产经营状况的诊断过程。波多里奇奖卓越绩效评价准则适用于所有组织,组织可以通过向波多里奇奖审查委员会索取标准指南来进行内部调整,实现企业目标。越来越多的组织已经认识到,波多里奇奖的终极意义并不在于获奖,大部分组织参加评奖的目的更多是为了寻求改进和提高的机会。

第二节　波多里奇奖的卓越绩效模式

波多里奇奖的卓越绩效模式由核心价值观、评价准则和评分系统三部分组成。为了更好地帮助组织应对动态的市场环境,关注战略驱动的绩效,完善其监管机制和道德行为,波多里奇奖的卓越绩效模式每年都会进行更新,这种持续的改进也是波多里奇奖的最大特点。但不管波多里奇奖的卓越绩效模式如何改变,其设定都必须遵循以下原则:

- 质量奖是全国性的质量评价体系。
- 为质量奖的评审和信息交流提供基础。

- 为跨组织的合作提供平台。
- 提供动态的国家奖励评价制度。

波多里奇奖的卓越绩效评价准则在演进的过程中一直坚持两个重要方面的特性：一是先进性，准则作为卓越绩效的国家标准，需要指导组织在各方面建立综合的绩效管理体系；二是适用性，准则对于不同成熟度的各类型组织要容易理解、便于采用。

经过几十年的发展，本着以上原则和特性，现在的波多里奇奖卓越绩效模式已经成为一套综合的全面组织绩效管理体系。

一、基本框架

经过多年的发展演进，波多里奇奖的卓越绩效评价准则基本框架发生了很大变化。在2007版和2013—2014版的卓越绩效评价准则框架图中（见图4-5），均使用类似"汉堡包"的构图模式。顶部为组织概述（或组织简介，说明组织的经营环境、关系和面临的挑战），表明从类目1"领导"到类目7"经营结果"都是在组织特定的背景下进行的。中间包含两个三角，左边为"领导作用三角"，强调了领导在关注客户和战略策划上的重要性，组织的领导以客户和市场为中心倾听客户诉求，满足其需求并建立良好关系，并进行战略策划；右边为"经营结果三角"，包括以人为本、关键运营和过程管理。两个三角之间的双向粗箭头表明了两者之间的交互关系。"汉堡包"的底部为类目4"测量、分析与知识管理"，它与各类目也有交互关系。

2015—2016版的卓越绩效评价准则框架图进行了重新设计，图4-5中的"汉堡包"被"碗"所取代（见图4-6）。"碗"的外壁是核心价值观，这说明核心价值观对评价准则的统摄作用，也就是说，核心价值观在"领导""战略"等所有类目中都应有所反映；同时，作为框架结构的"铜墙铁壁"，强调了核心价值观是整个评价准则的基础。图4-5中类目的矩形变成了图4-6中的"蜂巢"结构，突显了卓越绩效评价准则各个类目的关联性和系统性的特点。图4-6中"组织概述（或组织简介）"从图4-5框架的顶端变成了背景，表示其与评价准则各个类目均相关。框架中新增了"整合"字样，并重新设计了连接指向箭头布局，除了表示各类目要素的关联性外，进一步强化了卓越绩效评价准则的整体性、系统性。

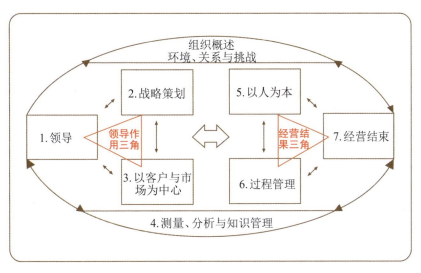

▲ 图4-5 2007版和2013—2014版的卓越绩效评价准则框架图

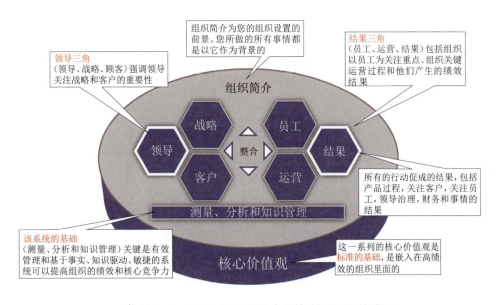

▲ 图4-6 2015—2016版的卓越绩效评价准则框架图

二、核心价值观

波多里奇奖的核心价值观根植于高绩效组织的信念和行为中,是卓越绩效模式的灵魂,是指导制定卓越绩效评价准则的标准。随着2015—2016版波多里奇奖的卓越绩效评价准则基本框架的变化,波多里奇奖的核心价值观也相应发生了变化,参见表4-1。

表 4-1　波多里奇奖核心价值观变化对照表

序号	2013—2014 版	2015—2016 版
1	远见卓识的领导	系统的观点
2	客户驱动的卓越	远见卓识的领导
3	组织和个人的学习	聚焦客户的卓越
4	珍视员工与合作伙伴	珍视人力资源
5	敏捷性	组织的学习与敏捷性
6	关注未来	聚焦成功
7	创新导向的管理	创新导向的管理
8	基于事实的管理	基于事实的管理
9	承担社会责任	承担社会责任
10	关注结果、创造价值	道德与透明
11	系统的观点	实现价值与结果

从表 4-1 可以看出，虽然核心价值观的条目数量没有发生变化，但条目名称和排序都进行了较大的调整和更新，特别是排序发生了重要变化。需要说明的是，各项核心价值观条目的排列顺序并不代表其重要程度，重新排序的目的在于构建一种与卓越绩效模式中领导、结果和过程三要素相对应的逻辑关系。下面详细介绍 2015—2016 版波多里奇奖 11 条核心价值观的内容。

(一)系统的观点

波多里奇奖为管理组织及其关键过程以努力达到卓越绩效提供了一种系统的观点。卓越绩效评价准则囊括的 7 个类目、核心价值观和评分指南共同构成了系统的整合机制。成功管理组织的整体绩效要求组织把各独立运营的部分进行综合、一致，并整合为统一系统。"综合"意味着把组织视为一个整体，并在此基础上确立包括核心竞争力、战略目标、行动计划和工作系统在内的关键属性。"一致"意味着要用卓越绩效准则所规定的各项要求确保计划、过程、测量指标和行动之间的一致性。"整合"要求组织绩效管理体系的各要素以充分互联的方式运行，并产生可预期的效果。

当组织采用了系统的观点时，高层领导需要聚焦于对战略方向和客户的关注，并监测、响应和管理基于结果的绩效。通过系统的观点，可以利用测量指标、核心竞争力和组织知识来制定关键战略，并将其与组织的工作体系和关键过程联系起来,调整资源配置以改进整体绩效。

(二)远见卓识的领导

组织的高层领导应设定愿景,建立以客户为中心、目标清晰明确的价值观和道德观以及高期望值的发展规划。这些愿景、价值观和期望应综合平衡所有利益相关方的需求。领导应确保建立起追求卓越绩效、促进创新、确保组织可持续发展的战略、系统和方法。

领导构建的价值观和战略用于指导组织所有的活动和决策。高层领导应充分调动、激励员工工作积极性,鼓励他们贡献、成长、学习和创新。高层领导应对组织管理机构的行为和绩效负责。高层领导应通过其道德行为和个人魅力,在策划、沟通、指导、培养接班人、评价组织绩效和表彰员工方面起到表率作用。

(三)聚焦客户的卓越

客户是组织绩效、质量和服务的最终评判者。因此,组织必须考虑产品与服务的特点、性能和客户接受方式,这些将为客户带来附加价值,使客户渴望获得产品,同时提升客户对产品的满意度和喜爱度,形成组织经营发展的良性循环。"聚焦客户的卓越"是一个战略性概念,包括"当前"和"未来"两种含义,既要求组织对当前客户和市场需求的变化、对影响客户满意和忠诚度的因素持续保持敏感,也要预测未来客户需求和市场潜力。因此,"聚焦客户的卓越"同样要求以客户为关注焦点的文化以及组织敏捷性。

在客户购买行为发生的过程中,客户的价值观和满意度可能会受到很多因素的影响,特别是组织/客户关系这一因素,保持良好的组织/客户关系将有助于建立彼此间的信任、信心和忠诚。

"聚焦客户的卓越"的含义虽不止于减少缺陷和差错、符合规范或是减少抱怨,但是,减少缺陷和差错、消除造成客户不满的因素,确实有助于改善客户对组织的看法,因而它也是"聚焦客户的卓越"的重要组成部分。此外,组织能否从事故、服务差错和过失中成功恢复,对于维系客户,建立组织与客户的长期关系起着至关重要的作用。

聚焦客户的组织不仅要重视产品和服务能够满足客户要求,更要使自身产品和服务比竞争对手更具特色,对客户更具吸引力。这种特色可基于创新

和改进的方式提供,也可以产品和服务融合的方式提供,还可以按照客户要求量身定制。

(四)珍视人力资源

一个组织的成功越来越依赖于契合的员工,员工要能够从有意义的工作、清晰的组织方向和组织绩效的责任感中获益。契合的员工必须拥有一个安全、信任和合作的工作环境。另外,成功的组织还会对员工的多元化背景、知识、技能进行投资,以确保他们具备当前所需技能以及未来发展所应具备的能力。

重视员工意味着为他们的契合、满意、发展和幸福担负责任,而且这种责任日益扩展为提供更有弹性、高水平绩效的工作,使员工能够根据不同工作场所和家庭生活需要进行调整。

珍视人力资源所面临的主要挑战包括:
- 展示领导者对员工取得成功的重视。
- 对公平竞争结果的认可。
- 在组织内部为员工提供发展和晋升机会。
- 共享组织的知识,从而使员工能够更好地服务于客户,进而实现组织的战略目标。
- 营造一个鼓励员工勇于挑战困难实现创新的良好环境。
- 建立一个员工和组织的绩效问责系统。
- 为员工的多元化发展提供支持环境。

员工的成功与他们获得的学习培训机会关系很大。在职培训应采用岗位交叉培训,这是一种有效且成本较低的培训方式,能够很好地与组织需求和重点相结合。如果组织更多的是依靠志愿者(非营利性组织),那么也需要考虑志愿者的个人发展和学习。

组织要实现总体目标,就必须建立起良好的内外部合作伙伴关系。内部合作包括员工和管理人员之间的合作,以及为了改善组织敏捷性和知识共享能力,在不同部门与工作场所之间或员工与志愿者之间建立的网络关系。外部合作伙伴包括客户、供应商、教育/社区服务组织等。此外,作为一种日益重要的外部合作伙伴关系,战略伙伴或联盟可以弥补核心竞争力的不足,帮助组织进入新的市场,或为新产品或客户服务提供基础。

(五)组织的学习与敏捷性

在当今不断变化、全球竞争的环境中,组织要获得成功就必须具备敏捷性,具备应对快速变化和弹性运营的能力。快速响应通常需要新的工作体系、简化工作过程或者具备从一个过程向另一个过程快速转换的能力。构建快速响应能力会推动组织工作体系、质量、成本和效率等方面的改进。在这种需求环境下,对员工进行交叉培训和激励变得极其重要。

组织的学习包括对现有方法的持续改进、重大改变或创新,也包括为适应变化引入新的目标、方法、产品和市场。学习应嵌入组织的内部运作中,这意味着:

- 学习是日常工作的组成部分。
- 学习要注意解决问题的根源。
- 应注重在整个组织中构建和分享知识。
- 学习是由引起重大变化的机会和创新驱动的。

学习的来源包括员工和志愿者的创意和研发、客户的意见(需求)、最佳实践的分享以及竞争对手绩效和标杆学习。

通过组织的学习可达成:

- 以新的、改进的产品和服务,增加为客户提供的价值。
- 开发新的业务机会。
- 开发新的和改进的流程或业务模式。
- 减少差错、缺陷、浪费和相关成本。
- 提高响应能力和周期时间绩效。
- 提高组织中所有资源利用的生产率和有效性。
- 提升组织在履行社会责任方面的绩效。
- 加强对变革和破坏性事件管理的敏捷性。

(六)聚焦成功

"聚焦成功"明确了组织追求卓越需要关注和平衡当前和未来的成功,不应失之偏颇。为了确保组织现在和未来的持续成功,首先,要理解影响组织经营和市场的长/短期因素;其次,要对不确定的环境进行管理,同时平衡利益相关方的短期需求与长期成功合作的需求。要追求稳定持续的增长和市场领先地位，就必须有坚定的未来导向，并向关键的利益相关方——客户、员工、供应商、合作伙伴、股东以及公众和社区做出长期承诺。如果情况发生变化，还需视情况灵活修改计划。

组织的计划和资源分配应当预测到诸多因素的变化，如客户的期望，新的业务和合作机会；潜在的危机，包括经济状况的改变、劳动力容量和能力需求；全球市场的竞争、技术的发展；新的客户和市场份额的变化；新的商业模式；不断演变的监管要求；社区和社会期望需求的变化；竞争对手的战略性举措等。组织的战略目标和资源分配都必须与这些影响因素相匹配。

（七）创新导向管理

创新意味着实施有意义的改变，以改进组织的产品、服务、项目、过程、运营和商业模式，以便为利益相关方创造新的价值。创新和持续改进虽然有所不同，但却相互补充。创新已不再局限于研发部门，对于运营的所有领域、部门和工作过程，创新都非常重要。要对组织进行有效的管理，使创新成为学习型组织文化的一部分，使创新融入日常工作中，并获得绩效改进系统的支持。创新构筑于组织、员工和竞争对手所积累的知识之上。因此，知识的快速传播与利用能力对于推动组织的创新有着至关重要的意义。

（八）基于事实的管理

"基于事实的管理"要求对组织内部和竞争性环境的绩效进行测量和分析。测量取决于业务需要和战略，提供关于过程、输出、结果、成果、竞争对手和行业绩效等的重要数据和信息。组织的有效绩效管理需要诸多类型的数据和信息。绩效测量包括对客户、产品和过程的绩效测量，对运营绩效、市场绩效和竞争绩效的比较，以及战略目标的完成情况等。

在绩效改进和变革管理中，需要考虑的一个重要因素就是绩效测量指标的选择和应用，所选指标是客户、运营、财务和社会绩效改进的最佳体现。客户和组织绩效要求一套完整的综合测量指标，构成将所有过程与组织目标相匹配的基础。测量指标应支持在快速变化环境中做出的决定。通过对跟踪过程所获数据进行分析，测量指标本身也可以被评价和调整，以更好地支持组织目标。

分析是指从数据和信息中获取进一步的含义,以支持评价、决策制定、改进和创新。分析需要利用数据和信息来确定趋势、前景及尚不明晰的因果关系。分析可服务于多种目的,如策划活动、审核整体绩效、改进运营、变革管理,以及与竞争对手或"最佳实践"标杆组织的绩效进行比较等。为做好分析,数据的来源渠道应该具有多样性,数据应该被细化。

(九)承担社会责任

组织领导应强调公众责任,重视社会福利和社会利益。在保护公众健康、安全、环境方面,领导应该成为组织及其员工的榜样。这种保护适用于组织运营的任何方面以及产品的整个寿命周期。同时,组织还应重视资源保护,并从源头上减少浪费。在计划活动中,应充分考虑生产、交付、运输、使用以及产品处置可能造成的有害影响。有效的计划应防止问题的发生;如果出现问题,要快速做出响应,提出应对方案,并提供所需的信息与支持,以保证公众的知情权、安全和信心。

组织不仅要满足所有地方、国家法律法规要求,还应把这些要求视为实现"合规管理"的改进机会。考虑社会福利和社会利益意味着在组织自身资源范围内,在组织能够影响的范围内,领导和支持环境、社会和经济体系。这种领导和支持包括改善教育、医疗和其他社区服务,追求卓越的环境,成为社会重大问题的榜样,进行资源保护,减少碳排放量,完成社区服务和慈善等。

对于一个模范组织而言,领导责任还应包括影响其他组织和公众,以便为实现共同目标而合作。

管理社会责任要求组织使用合适的测量指标,而领导应对这些测量指标负责。

(十)道德与透明

"道德与透明"明确了组织的成功与卓越离不开对社会道德责任的担当。真正有价值、可持续的商业成功需要建立在符合社会文明进步的伦理道德基础之上。组织应在与所有利益相关方的事务和交往中强调道德行为,组织的管理机构应对道德行为提出要求并加以监督。组织高层领导应是道德行为的榜样,并深入了解员工的期望。道德行为准则是组织文化和价值观的基础,是员工区分正确和错误的准绳。

"透明"的特点是组织领导和管理的公开,清晰和准确的信息共享。"透明"是员工与组织契合的一个关键因素,让员工看到为什么要采取这样的行动,以及他们如何做出贡献。"透明"与客户和其他利益相关方的相互作用也十分重要,能让他们有参与的想法以及对组织的信心。

(十一)实现价值与结果

通过为关键利益相关方创造价值,组织才能获得忠诚,并为经济增长和社会做出贡献。为了实现这些价值目标,组织战略中应明确包含关键利益相关方的需求,这有助于确保计划与行动满足不同利益相关方的需要,避免对任何一方造成不利影响。绩效测量体系应能对实际绩效进行监控,对重点事项进行沟通,同时还需关注关键结果。结果应被用于为关键的利益相关方(客户、员工、股东、供应商、合作伙伴、公众和社区)创造和平衡价值。因此,还应对结果进行综合测量,不仅仅包括财务结果,还应包括产品和过程结果,客户和员工的满意度、契合度等。

三、评价准则

(一)主要内容

波多里奇奖的卓越绩效评价准则主要从七个方面对企业/组织进行评价,分别是领导(Leadership)、战略(Strategy)、客户(Customers)、测量、分析和知识管理(Measurement,Analysis and Knowledge Management)、员工(Workforce)、运营(Operations)以及经营成果(Results)。

1. 领导

主要检查、考核企业/组织高层领导的个人行为如何引领企业/组织,保持企业/组织持续稳定发展;评审企业/组织的治理体系,以及企业/组织如何履行法律、道德和社会责任。

2. 战略

主要检查、考核企业/组织如何制定并实施战略目标和行动计划,如何在环境需要时进行调整,如何对战略过程进行测量。企业/组织的战略性计划,包括战略目标、具体的实施计划和相关的人力资源计划,同时还要检查企业/组织战略性计划的开展以及对具体实施计划的督促和检查情况。

3. 客户

主要检查、考核企业/组织如何让客户参与以取得长期的市场成功,包括企业/组织如何倾听客户的声音、满足和超越客户期望、建立客户关系。

4. 测量、分析和知识管理

主要检查、考核企业/组织如何选择、收集、分析、管理和改进组织的数据、信息和知识资产;如何运用评价结果提升绩效;如何营造学习氛围。

5. 员工

主要检查、考核企业/组织如何评估员工能力、员工保有量需求以及如何营造实现高绩效的工作环境;同时评价企业/组织如何契合、管理并提升员工能力,使其在与组织总体业务需求相一致的前提下,充分发挥潜能。

6. 运营

主要检查、考核企业/组织如何设计、管理、改进和创新产品和工作过程,并提升运营有效性,以交付客户价值,并实现组织持续成功。

7. 经营结果

主要检查、考核企业/组织在所有关键方面的绩效和改进情况,包括产品和过程结果、客户结果、员工结果、领导和治理结果、财务和市场结果;同时,考核企业/组织与竞争对手或其他提供相似产品的企业/组织相比较的绩效水平。

(二)主要类目和分值

波多里奇奖卓越绩效评价准则不断进行修改和迭代,以反映"经过验证的管理实践的领先优势"。近年来,随着全球经济的不断发展,技术的不断创新,波多里奇奖卓越绩效评价准则的主要类目和分值都发生了较大变化,由1988版的七大项42细分项,变为2013—2014版和2015—2016版(2017—2018版无变化)的八大项(包括附加项——前言组织简介)19细分项。表4-2为最初1988版波多里奇奖卓越绩效评价准则的主要类目和分值,从表中可以看出,波多里奇奖最初注重的是组织如何生产出高质量的产品,提供优质服务;评审的重点围绕企业应该采取什么策略、采用哪些资料分析手段、如何培训员工等。此外,为了鼓励企业提供一些新颖且可供其他企业仿效的模式和做法,1988版评价准则中规定,评审时对提出创新而独特的质量改进方法的组织要给予加分。

表4-2　1988版评价准则的主要类目和分值

序号	项目	评分值
1	领导	150
1.1	高层领导	50
1.2	企业政策	30
1.3	管理体系和质量改进计划	30
1.4	资源分配和运用	20
1.5	大众责任	10
1.6	独特和创新的领导	10
2	信息和分析	75
2.1	使用分析技术与系统	15
2.2	使用产品质量与服务质量资料	10
2.3	客户资料及分析	20
2.4	供应商质量与资料分析	10
2.5	销售商质量与资料分析	10
2.6	员工有关资料及分析	5
2.7	独特和创新的信息和分析	5
3	质量策略计划	75
3.1	操作及策略目标	20
3.2	计划职能	20
3.3	质量改进计划	30
3.4	独特和创新的计划	5
4	人力资源运用	150
4.1	管理和操作	30
4.2	员工对质量的了解和参与	50
4.3	质量培训	30
4.4	评估与奖惩体系	30
4.5	独特和创新的做法	10
5	产品和服务质量保证	150
5.1	客户对产品和服务的反应	20
5.2	新的或改良的产品和服务计划	20
5.3	设计新的或改良的产品和服务	30
5.4	质量测试、标准和资料系统	10
5.5	质量技术	10
5.6	质量审核	15

续表

序号	项目	评分值
5.7	文件处理	10
5.8	安全、健康和环境	10
5.9	保证和确认	15
5.10	独特和创新的做法	10
6	产品质量与服务质量保证成果	100
6.1	产品与服务的可靠性和功能表现	25
6.2	减少次品、脱货和重作产品和服务	20
6.3	减少质量有关的诉讼和客户投诉	25
6.4	减少产品保证与现场维修工作成本	20
6.5	独特和创新的质量改进成果指标	10
7	客户满意度	300
7.1	客户对产品质量和服务质量的看法	100
7.2	与竞争者产品质量和服务质量的比较	50
7.3	处理客户抱怨和投诉	75
7.4	客户对产品保单的看法	50
7.5	独特和创新的衡量客户满意度方法	25
总分		1 000

表4-3为2013—2014版和2015—2016版（2017—2018版无变化）评价准则的主要类目和分值。两版主要类目未变，分值有微调。

表4-3　2013—2014版和2015—2016版评价准则的主要类目和分值

序号	项目	2013—2014版评分值	2015—2016版评分值
前言组织简介		(0)	(0)
P.1	组织描述	0	0
P.2	组织形势	0	0
1	领导	120	120
1.1	高层领导	70	70
1.2	治理和社会责任	50	50
2	战略	85	85
2.1	战略制定	40	45
2.2	战略实施	45	40
3	关注客户	85	85
3.1	客户的声音	40	40
3.2	客户契合	45	45

续表

序号	项目	2013—2014 版评分值	2015—2016 版评分值
4	测量、分析和知识管理	90	90
4.1	组织绩效的测量、分析与改进	45	45
4.2	知识管理、信息与信息技术	45	45
5	关注员工	85	85
5.1	员工环境	40	40
5.2	员工契合	45	45
6	关注运营	85	85
6.1	工作过程	45	40
6.2	运营效率	40	40
7	经营结果	450	450
7.1	产品和过程结果	120	120
7.2	关注客户结果	85	80
7.3	关注员工结果	85	80
7.4	领导和治理结果	80	80
7.5	财务和市场结果	80	90
总分		1 000	1 000

四、评分体系

波多里奇奖卓越绩效的评分根据评审的信息和数据种类分为两种类型：过程（第1~6类）及结果（第7类）。同时，评分还需要参考以下条目要求和评分细则：

- 组织简介中提出的关键业务因素。
- 方法的成熟和适用性、部署的广度、学习的优势、过程和结果的改进。

（一）过程

"过程"是指组织针对第1~6类要求所应用和改进的各种方法。用于评价过程的四个因素分别是方法、部署、学习与融合（Approach, Deployment, Learning, Integration, ADLI）。过程类条目的评分需综合评估整体绩效，同时兼顾四个过程因素。

1. 方法

主要是指组织如何满足标准条目的要求，即所使用的各种方法。用于评价方法的要点如下：

- 实施过程所用的方法。
- 方法针对类目要求和组织运营环境的适用性。
- 方法的有效性。
- 方法可重复，以及方法基于可靠数据和信息的程度(即系统性)。

2. 部署

主要是指以下方面所达到的程度：

- 方法要应用于与组织相关且重要的条目需求中。
- 方法得到持续统一的应用。
- 方法为组织的所有工作部门所使用。

3. 学习

- 通过评价和改进循环来改良方法。
- 鼓励通过创新对方法进行突破性的变革。
- 与组织中的其他相关工作部门和过程共享改进和创新。

4. 融合

主要指以下方面所达到的程度：

- 方法要符合其他条目要求所确定的组织需求。
- 指标、信息和改进体系在过程及工作部门之间互补。
- 计划、过程、结果、分析、学习和行动在过程和工作部门之间融合，以支持整个组织的目标。

在对"过程"类类目评分时，要注意方法、部署、学习与融合的相互关联。对方法的说明通常应围绕组织和条目的具体要求展开。随着过程的成熟，说明还应体现学习(包括创新)循环，以及与其他过程和工作部门的融合。

(二)结果

"结果"是指组织在实现类目7要求方面的产出和成果。用于评价"结果"的四个因素分别是水平、趋势、对比与融合(Level, Trend, Comparison, Integration, LeTCI)。"水平"与"对比"通常一起进行，结果类类目的评分需要综合评价组织的整体绩效和四个结果因素。

1. 水平

"水平"是指在特定的测量尺度内,组织当前的绩效。

2. 趋势

"趋势"包括:

- 组织绩效改进或高绩效的可持续性(如随时间变化的数据点的斜率)。
- 组织绩效结果的广度(部署与共享的程度)。

3. 对比

"对比"包括:

- 组织相对于合适的比较对象(如竞争对手或同类组织)的绩效。
- 相对于标杆或行业领先者的绩效。

4. 融合

"融合"指以下方面所达到的程度:

- 组织的结果指标(通常进行了细分)与"组织简介"和过程类类目中所确定的重要客户、产品、市场、过程、行动计划的绩效需求。
- 组织的结果包括未来绩效的有效指标。
- 组织的结果在工作过程和工作部门间取得一致,以支持整个组织的目标。

"结果"类类目要求就关键的组织绩效测量指标,以及关键的组织要求的融合情况,给出绩效水平、趋势和对比方面的数据。"结果"类类目还要求提供关于绩效改进的广度数据,这与部署和组织的学习直接关联,如果改进过程得到了广泛的共享和部署,就应有相应的结果。

(三)"重要性"在评分中的影响

在评价和反馈时,有一个关键的考量因素,那就是组织所报告的过程和结果相对于组织关键业务因素的重要性,最重要的领域应当在"组织概述(组织简介)"以及 2.1、3.2、5.1、5.2 和 6.1 这样的类目中加以明确。组织的关键客户需求、竞争环境、员工需求、关键战略目标和行动计划等都是特别重要的。

(四)对组织汇报的评分说明

针对组织的汇报,在确定分数的过程中应该遵循以下原则:

- 应确定一个最能客观反映组织所达到的成绩的评分范围(例如 50%~65%)。

选择这个评分范围时要依据对四个过程因素(ADLI)或四个结果因素(LeTCI)的全面考量,而不是对各个因素的单独评估结果进行平均。"最能客观反映"并不代表一定能够完全达到,组织汇报的内容通常会与这个所选的评分范围中的一个或多个因素的要求存在差距。

- 评估汇报内容更加符合与所选评分范围相邻的更高一级还是更低一级的评分范围的内容,然后在所选评分范围内给出一个分数(例如55%)。给出分数后,应牢牢记住所选评分范围中所描述的要求。
- 过程项分数为50%,表示一种方法能够满足该类目的总体要求(能够解决主要的问题),在大多数工作部门中得到了部署应用,完成了一系列改进与学习的循环,并且解决了组织的关键需求。分数越高表明成绩越好,体现为部署应用的范围广、组织的学习程度高、融合性好。
- 结果项分数为50%,表示该类目涉及的主要结果以及对于组织的业务或任务非常重要的结果都显示出了良好的绩效水平、获益趋势和对比性(竞争力)。分数越高表明绩效水平和获益趋势越好,竞争力越强,涵盖的范围更广,与组织的需求或任务相融合。

第三节 建立世界级的组织:波音公司创奖之旅

波音公司坚持为客户提供优质的产品和服务,取得了巨大的成功。然而,波音公司在发展进程中也并非一帆风顺。20世纪90年代早期,急剧增加的订单使波音公司无法准时交付飞机。此时航空市场风云巨变,波音公司先后与罗克韦尔公司、麦·道公司合并,期间也曲曲折折。同时,欧洲空中客车公司的竞争势头越来越猛,逐渐在市场占有率、新订单数、按时交货等方面追上甚至赶超了波音公司。反观波音公司,被焦点缺失、绩效低下、客户满意度持续降低等问题所笼罩,似乎始终无法找回状态,向客户和市场交出一份满意的答卷。然而,危机中也蕴藏着生机,波音公司顶住压力,重新找到发力点,从低潮期一跃而起,奇迹般地实现了浴火涅槃。

波音公司引人瞩目的转变开始于C-17"环球霸王"项目。尽管C-17的设计性能优越,但波音公司与客户及第三方机构的运作关系复杂、公司内部员工之间关系不良,以及质量缺陷、成本超支、延期交货等问题,造成各方都对C-17项目缺乏信心,美国空军甚至威胁要取消该项目。为了谋求生存,C-17项目的管理团队、员工相互携手,以波多里奇准则为基础,大刀阔斧地进行了一系列变革,通过对流程、质量的控制和改进,不断提高整个团队的工作能力。经过不懈努力,C-17项目的客户和订单量得以大幅增加,波音公司负责C-17项目的运输机与加油机事业部在1998年也成功申报并获得了制造类的波多里奇奖。

此后,波多里奇准则逐渐应用到波音公司的其他部门。2003年,波音公司航空航天支持部历经4年持续推进波多里奇准则,改进提升工作效率,再次为波音公司获得了波多里奇奖。

波多里奇奖是波音公司追求卓越道路上浓墨重彩的一笔。在两次获奖的鼓舞下,波音公司稳固了"空中霸主"的地位,在动荡不定的竞争市场上,始终立于不败之地;同时,波音公司坚持以波多里奇准则为基础,不断完善质量,追求精益,也为波多里奇奖这座奖杯增添了成色。

本节以波音公司航空航天支持部荣获2003年波多里奇奖为案例,对其申报波多里奇奖时提交的"自评报告"进行详细剖析,深入解读波音公司如何贯彻实施波多里奇准则,最终成为世界级卓越组织。

波音公司航空航天支持部曾隶属于波音公司下属的综合防务系统公司(IDS),现已并入波音全球服务集团,主要提供飞机全寿命周期内的技术服务支持,其产品和服务包括飞行器的维护、改造和修理,空勤人员和地勤维护人员的培训,并提供维修所需的备品、备件。

1999—2003年,在总裁大卫·斯帕恩(David Spong)的带领下,波音公司航空航天支持部认真践行波多里奇准则,持续开展管理变革与卓越能力建设,并最终于2003年成功获得了波多里奇奖。

回顾波音公司航空航天支持部的卓越发展之路,领导团队及全体员工按照波多里奇则,在领导力、战略规划、以客户与市场为中心、测量、分析及知识管理、以人为本、流程管理等方面进行了一系列卓有成效的建设,取得了多项成果。

一、领导力

2000年,大卫·斯帕恩从波音公司运输机与加油机事业部副总裁调任航空航天支持部总裁,通过初期一系列走访调查和员工评测后发现,航空航天支持部内部存在严重的管理危机,整体工作效率低下、质量问题突出。为此,他多次召开各级领导团队会议,通过集体决议制定了航空航天支持部持续发展的战略方向以及引领未来规划的愿景、使命、价值观(见表4-4)和目标,建立了与波音公司匹配的领导力系统模型(见图4-7);同时,引领航空航天支持部全体成员不断强化对组织价值观的认同,致力于应对战略性挑战。

表4-4 航空航天支持部的愿景、使命与价值观

愿景	成为世界第一的创新维护解决方案供应商
使命	为客户提供世界级水平的维护解决方案
价值观	追求卓越 正直诚实 客户满意 质量为本 员工共同工作 多元而包容的团队 良好的企业文化 股东价值最大化

▲ 图4-7 航空航天支持部的领导力系统模型

波音公司航空航天支持部的领导力系统模型显示了领导团队如何设定并沟通发展方向、对工作绩效进行评审并保持足够的控制力以实现对组织的有效掌控。该模型以波多里奇奖卓越绩效准则为基础,把关注重点放在平衡利益相关方的需求上。

(一)第一步:全员参与和深入沟通

为了使领导团队能够制定并持续推进公司的短期和中长期目标,首先必须了解和掌握所有利益相关方的需求和期望。这是图4-7领导力系统模型中的第一步:参与和沟通。该过程涉及的利益相关方包括员工、供应商、股东。

在与员工的沟通方面,航空航天支持部的各级领导经常性地与员工进行直接交流,收集有关团队建设、能力提升、战略制定的意见和建议,沟通模式包括头脑风暴、圆桌会议、电子邮件、线下沙龙等形式。领导团队据此明确改进提升目标和手段,保障企业战略能够畅通无阻地向下贯彻执行。

在与供应商的沟通方面,航空航天支持部会在项目层面和组织层面定期召开供应商大会,鼓励各级业务人员与供应商展开对话;同时,成立了供应商建议委员会,聚焦供应商关注的问题,并随时进行沟通。

在与股东的沟通方面,领导团队会持续了解股东的期望,并定期向股东征询改进意见和建议。

(二)第二步:确立愿景使命

通过卓有成效的面向各个层级的深入沟通,2000年11月,航空航天支持部建立了与波音公司价值观相一致的愿景和使命追求。为了使组织的使命、愿景和价值观能够持续地与波音公司和社会环境的发展变化相适应,领导团队会定期对使命、愿景和价值观进行重新审视、优化。

(三)第三步:组织、计划与整合

领导团队按照业务、场景和职能进行工作任务的组织规划,确保每个工作岗位都有一系列特定职责。领导团队通过企业计划过程(Enterprise Planning Process,EPP)设定了短期和长期的计划任务。领导团队下设的战略业务委员会专门负责执行EPP。

为了确保长短期计划任务的顺利实施和双向沟通的顺利开展,领导团队通常采用年度员工考核、领导管理效力/多视点(Multiple View Points,MVP)考核、年度员工绩效评估(Performance Evaluation,PE)和合作伙伴发展绩效(Performance Development Partnership,PDP)等方式进行沟通反馈。其他方式还包括每月一期的沟通简报、全员恳谈会、焦点小组会议等。而主要供应商和合作伙伴则通过供应商大会、供应商建议委员会、参与项目或与项目管理者直接对话获取有关公司价值观、短期和长期规划、预期效益等方面的信息。

(四)第四步:充分授权

针对不同层级的团队和员工,航空航天支持部明确了他们各自在生产产品、提供服务、优化作业流程和管理生产产出方面的相应职责、权力和责任。公司的领导团队通过矩阵式的组织结构为组织的灵活性创造了条件,其广泛采用的综合产品小组(IPT)、员工参与小组(EI)等敏捷组织模式,有效促进了业务、保障现场,让员工掌握新技能,并且快速将其从某一业务工作领域推广到其他业务工作领域,从而适应日益变化的业务需求。

二、战略规划

航空航天支持部的优势之一是具备开发长期稳健战略并将其转化为具有实际意义的行动从而获得竞争优势的能力。通过运用计划目标分解方法,航空航天支持部实践形成了一系列的关键战略。这些战略在助推业绩的同时也为客户提供了卓越的产品和服务。

航空航天支持部的战略策划方法已从简单的计划框架演进到一种以波多里奇准则为基础的更为系统的方法,并进一步演化为公司现在的企业计划过程(见图4-8)。

航空航天支持部的EPP由10个已定义的步骤和4个要素(关键数据、战略、计划和执行)组成。在步骤①"指导方针/限制性规定"中,领导团队详细列举并解释来自波音公司、IDS和航空航天支持部的各项指导方针和限制性规定。通过这一步骤,可以确保航空航天支持部与IDS、波音公司实现指导方针的有效统一。

在步骤②"年度评估"中,领导团队主要收集其他额外影响年度计划制订的关键信息。这些信息涵盖了针对客户、市场、竞争和内外部(包括供应商)

经营要素的特定分析。

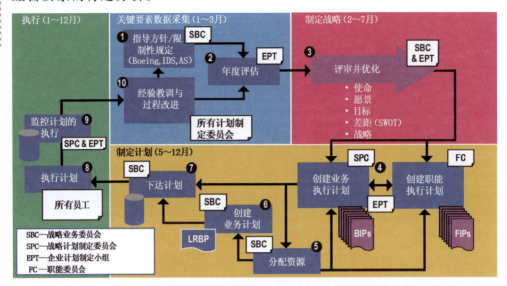

▲ 图4-8 航空航天支持部企业计划过程(EPP)模型

根据EPP前两个步骤收集的主要输入信息，领导团队在步骤③中评审并优化了公司的使命、愿景、目标、差距和战略。航空航天支持部每年都要重新审视他们的使命（应该做什么）和愿景（期望成为什么），并运用"优势、劣势、机会、威胁"(Strengths, Weaknesses, Opportunities, Threats, SWOT)分析法来分析优化这些战略规划，以改进已经识别出来的差距，并逐步达成战略目标。

EPP制定计划的周期包括短期（1~5年）、中期（6~10年）和长期（20年）。EPP根据业务执行计划（Business Implementation Plan, BIP）、职能执行计划（Functional Implementation Plan, FIP）以及各类目标，并通过20年的长期经营路线图来确定这些计划的时间跨度（1年、1~5年、6~10年）。由于波音公司提供的产品支持服务都在几十年以上，所以这种长时间跨度的计划对航空航天支持部至关重要。

通过步骤④"创建BIP和FIP"，航空航天支持部将战略计划分解为具体业务工作。每个季度，航空航天支持部都会在业务绩效评估会中根据实际作业情况对BIP和FIP进行评估和更新。

EPP通过步骤⑤分配资源。资源需求依据每项业务确定，接受企业计划制定小组（Enterprise Planning Team, EPT）和业务管理职能部门的检查，并经由战略业务委员会(Strategic Business Council,SBC)核准。每项业务的财务指标都记录在⑥"长期业务计划"(Long Range Business Plan,LRBP)中。然后,通过步骤⑦下达计划并统一调配资源。一旦组织目标已经贯彻到整个组织中的各个部门,启动步骤⑧执行计划,并持续整整一年。EPT 和战略计划制定委员会(Strategic Planning Council,SPC)每月通过步骤⑨监控计划的执行,追踪 BIP 和 FIP 的执行情况。在这一步骤中将采集涉及的所有关键输入、输出数据。同时,航空航天支持部会利用步骤⑩来重新评审之前的年度计划及具体执行过程中的实际情况,进行适当调整。

航空航天支持部EPP的一个显著特点是,将计划团队的人员构成由单一的高级管理人员扩展为由组织内各层级员工广泛参与的计划制订体系。大卫·斯帕恩和 SBC 对 EPP 战略计划的制定和执行全面负责;各业务与职能委员会(Functional Council,FC)下属的 SPC 对各自的业务与职能规划直接负责;由计划经理领导的 EPT 是 SBC 中负责 EPP 执行的团队,其成员由来自各 SPC 的代表。这种广泛包容的开放式组织既有利于提升员工的参与度,也有利于计划整合的有效性。

三、以客户与市场为中心

(一)客户识别

如图 4-9 所示,航空航天支持部通过一种分层模型来识别目标客户群。区分客户的第一个维度是国别,识别、尊重不同国别、区域的文化特征,是与客户建立良好关系的关键一步。识别客户的第二个维度是客户属性,是政府、商业机构还是军方。通常情况下,为了获得订单,航空航天支持部需要和多个机构打交道。识别客户的第三个维度是将客户进一步划分为使用者、把关者或决策者。使用者是使用航空航天支持部产品/服务的人,而且将来在客户的购买决策中,他们可以成为施加关键影响的人;把关者处在使用者和决策者之间,而且对决策者具有不言而喻的影响力;决策者是那些将在合同上签字的人,对是否购买某种产品/服务拥有最后发言权。

客户分层模型在维度1和维度2中包含五个主要的客户需求:质量、进度、成本、有效性和能力。这五个需求通常会贯穿于航空航天支持部的各个业务单元,优先顺序会因特定目的的不同而有所调整。在维度3中,客户的需求会因其职能不同而发生变化。

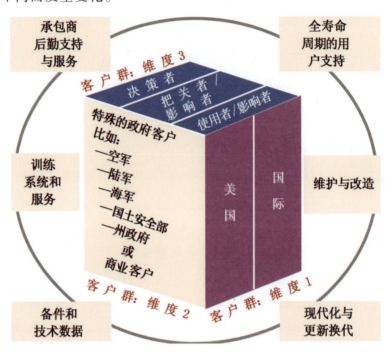

▲ 图4-9 航空航天支持部客户分层模型

(二)客户需求判断

对客户背景及其关注点的了解是辅助波音公司判断客户需求的一项重要技巧,而满足客户需求则是航空航天支持部的核心价值观。航空航天支持部在维持现有业务、开拓新业务及交付产品/服务时,会利用综合业务获取过程模型(Integrated Business Acquisition Process,IBAP),为行动提供指导(见图4-10)。

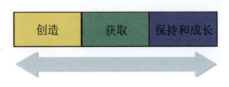

▲ 图4-10 综合业务获取过程模型

在IBAP模型中,航空航天支持部通过一组贯穿整个产品/服务寿命周期的持续过程来判断客户的主要需求。通过与客户的交流互动,在创造阶段就系统地确定出客户需求。在获取阶段,通过客户的评估及建议更加清晰明确地理解客户需求。在保持和成长阶段,客户需求或得到满足,或被持续优化,并且随着项目的逐步深入,重新审定客户需求。

航空航天支持部还会采集与客户有关的信息数据,以便理解并优化客户的需求。这些数据包括营销、客户忠诚度、客户保持率、得/失分析等,甚至客户的投诉都将被输入 EPP 系统内。EPT 将在年度评估会上对上述数据进行评估,以调整组织目标和战略,弥补差距。

(三)客户关系与满意度

航空航天支持部构建了一套基于网络的客户满意度管理系统(Customer Satisfaction Management System,CSMS),用于进行客户关系与满意度管理。CSMS 系统主要由三个功能模块构成:重要事项数据库、客户联络人数据库及客户关系管理系统。CSMS 具备多权限设置功能,能够对航空航天支持部各个组织机构的权限进行定义。

1. 建立客户满意度模型

客户满意度不仅取决于组织所提供产品/服务的质量,还取决于组织与客户之间的关系。为了均衡优秀产品/服务的绩效与客户关系所获得的关注,航空航天支持部构建了客户满意度模型(见图 4-11),并且会在客户联络人培训中向来自于客户的代表介绍这一模型,以及系统化的客户管理过程(包括启动过程、客户满意度过程(表现出色)和客户关系完善过程(关系出色)三个部分)。

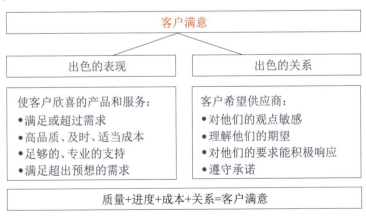

▲ 图 4-11 客户满意度模型

航空航天支持部设立了客户满意委员会(Customer Satisfaction Council,CSC)，负责制定和实施客户满意度过程监控。每个主要的服务保障现场都有一名CSC代表，利用一个已定义好的过程模型来评估并识别改进工作方法的机会。

2. 提供沟通渠道

航空航天支持部为客户提供了获取信息、开展业务和进行投诉的渠道。这些正式的和非正式的沟通机制包括计划评估（如承包商绩效评估）和会议（如联合管理委员会）、方案征询、岗位述职和网络渠道（部分客户可访问波音公司的内部系统）。

在产品/服务的销售阶段，波音公司会与客户一起协商确定客户访问波音公司内部系统的级别权限。航空航天支持部可以确保客户的联络请求通过CSMS系统中的客户联络人数据库传递给具体的客户联络人。

3. 解决客户投诉

航空航天支持部通过客户满意程序来解决客户投诉问题。客户满意程序以CSMS系统为支撑，能够按照日期、优先次序和风险等级对客户的投诉进行排序，并通过在线通知、问题备忘录等方式及时有效地通知相关责任人快速解决客户问题，从而确保问题处理过程闭环。

CSMS是集合了航空航天支持部各类客户投诉问题的核心知识库，能够生成投诉问题处理报告，并将这些报告交由领导审阅、参考，以辅助制定问题解决方案、调配资源及积累经验教训。

(四)客户满意度评估

1. 基于四类关键数据综合分析衡量客户满意度

(1)官方评估

官方评估包括承包商绩效、奖励费用、准时交付和改进请求等评估。每半年或一年进行一次评估。

(2)内部评估

通常是在产品/服务交付和外场服务调查、赢得客户比率以及客户累计业务等基础上获得的经营指标或绩效指标。

（3）开放性数据

通过客户调查或其他形式获得的有关客户关系及客户认同感的数据。

（4）过程类数据

政府官方系统中与波音公司产品/服务相关联的评估指标。

航空航天支持部采用绩效平衡指标对以上四种类型的客户反馈数据进行评估，包括对承包商绩效评估报告（Contractor Performance Assessment Report, CPAR）、奖励费用和客户关系指标(外部调查、外场服务调查等)进行分析，而后者会直接影响客户的忠诚度与满意度。通过分析这些反馈数据与各个层级的客户群、客户满意度模型和愿景支持计划之间的关系，便能够及时识别客户需求的变化，并高度重视待改进问题。

2. 通过交付调查、外场调查及外部调查，就产品/服务与交付质量等对客户进行跟踪

在针对客户的交付调查、外部调查结束之后，航空航天支持部会向客户发出正式信函，以确认找到了需要改进的环节。待改进环节将被输入CSMS的最高级别待解决问题库中，优先解决。在下一个工作周期内，当客户对项目的改进环节做出进一步反馈时，此调查程序即形成正向循环。

航空航天支持部还会通过外场服务代表来收集有关产品/服务和交付质量的非正式反馈。外场服务代表会开展一系列外场服务调查，并针对反馈的改进效果进行跟踪。对于管理层来说，这种后续的持续交互对于发现和解决问题、提升客户满意度至关重要。

3. 通过多种机制获取行业内外满意度对比数据

（1）外部

航空航天支持部每季度都会实施对标改进活动，收集其他世界级公司的改进案例，学习其有用经验，并运用于自身的经营管理。同时，还会定期收集CPAR在线数据库中的竞争数据，分析竞争对手的经验做法。

（2）内部

每月进行一次业务绩效审核，对航空航天支持部下属六个业务部门的工作过程和措施手段进行对比分析，取长补短，提出持续优化完善建议。

四、测量、分析与知识管理

(一)组织绩效的测量与分析

航空航天支持部的绩效测算系统模型如图4-12所示。该系统明确定义了测量内容和范围,选择相关数据信息后通过5个步骤来测量、分析和提升绩效。

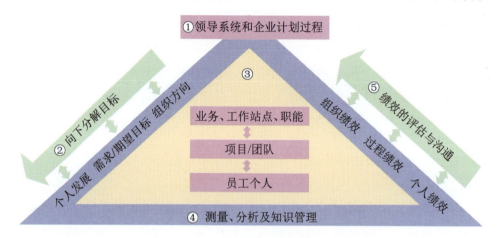

▲ 图4-12 航空航天支持部绩效测算系统模型

绩效测算系统以利益相关方的需求和期望为出发点。借助步骤①对领导系统和EPP的整合,使对相关数据和信息的分析变得更加方便快捷。其交付物是一系列的行动计划、绩效目标和测量指标。

期望目标和组织方向通过步骤②向下分解,传达至各项业务、工作站点和职能部门。适当时,会将这些目标和方向与各个组织层级上的客户和供应商进行分享。

目标和期望绩效在组织、业务和个人层面上通过步骤③进行分级测量。员工个人的职业发展目标由合作伙伴发展绩效(PDP)程序评定和记录。

步骤④测量、分析及知识管理可以显示公司目前的绩效状况,并提供其他有关制定组织决策、进行组织创新所需要的信息。

步骤⑤绩效的评估与沟通是在航空航天支持部一级、业务级、现场级、职能级、项目级和组织/个人级上分别开展的,同时通过愿景支持计划(Vision Support Plan,VSP)系统进行结果反馈。

(二)知识管理

1. 信息化管理体系

航空航天支持部基于一整套信息化技术工具向客户、供应商、合作伙伴和员工提供与产品/服务实时相关的可靠数据与信息。所提供数据的类型和范围由图4-13中所示的3个步骤来决定。

来自客户和供应商的数据访问和获取请求通常受到合同和协议的约束,而员工则拥有更大范围的对数据和信息的访问权限,可以访问各个工作任务相关的程序、系统的权力,以便高效完成工作。

航空航天支持部严格履行公司标准,保证了程序和软硬件信息设备结构的安全、可信,同时利用美国软件工程协会/能力成熟度模型(Software Engineering Institute Capability Maturity Model, SEI/CMM)中的严格规定来管理整个组织的IT程序、产品和服务。此外,信息技术部门采取了多项措施来保障信息系统软硬件安全、可靠地运行,并采取持续优化措施以便向终端客户提供友好的软件操作界面。

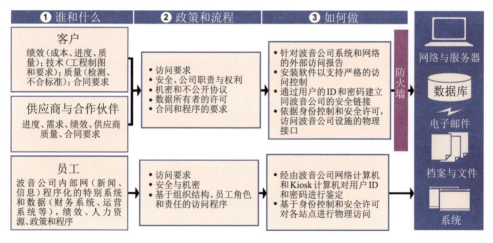

▲ 图4-13 航空航天支持部信息化体系模型

2. 知识管理机制

航空航天支持部通过多种方式来管理组织的知识资产,培养员工获取、利用知识的能力,增强员工对市场的了解,进而为客户和业务伙伴提供更好的服务。图4-14举例说明了航空航天支持部如何收集、转化和共享知识,并介绍了为员工、客户、供应商和业务伙伴提供了哪些最好的培训方案。

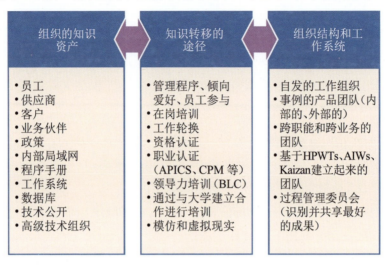

▲ 图4-14 航空航天支持部知识管理机制

- 组织的知识资产：经营组织业务所需要的知识及其采集、储存模式。
- 知识转移的途径：用于获取知识资产并将个人的隐性知识转化为组织的显性知识的过程及手段。
- 知识共享的模式：个人、团队、组织与其他个人、团队、组织通过相互影响来共享和转化信息与技术的方法。

此外，航空航天支持部的过程委员会负责从职能和项目中筛选出最佳实践案例及经验教训，以进一步促进隐性知识的交互共享。

五、以人为本

员工是波音公司的核心，是波音公司成就伟业的主要贡献者。波音领导团队的使命便是要激励员工做得更好，并促使他们持续学习，分享观点和知识，在每一层级和所有经营活动中都能够通力合作。

（一）工作体系

1. 工作组织与管理

（1）员工系统

图4-7中的航空航天支持部领导系统模型为员工系统（见图4-15）的构建提供了框架。员工系统中的每一种要素都与领导系统有着重要的交互关

系。在员工系统中,通过①"企业员工战略"来识别实现战略性业务目标所必需的资源与方法,而前者是由企业的计划制定过程所确定的;通过②"设计工作,聘用员工,设定方向,明确期望",确保形成一支有战斗力的员工队伍,这支员工队伍能够充分理解工作优先级,能够充分理解公司对他们的期望;通过③"引领员工队伍、评价绩效表现",公司会向具有相应权限的员工团队提供用于执行计划和进行绩效考核所需的知识和工具;公司向④"保持高绩效动机的员工队伍"提供奖励与表彰,并确保所有为实现航空航天支持部目标做出贡献的个人和团队能够得到充分的肯定;在⑤"员工发展"中,公司提供了广泛的发展和培训机会。

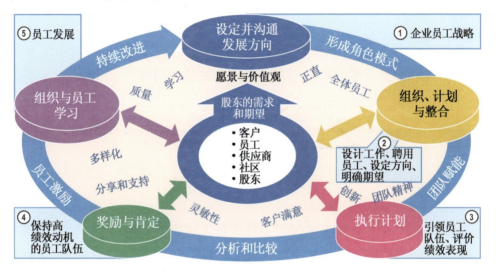

▲ 图4-15 航空航天支持部员工系统

(2)多样性委员会

作为一家世界级的企业,波音公司的员工构成具有多样化特点。航空航天支持部充分利用员工的多样性,发挥他们各自的长处。为了强化全体员工的参与,并使他们能够从自己的贡献中获得成就感,在波音公司高层领导的支持下,航空航天支持部成立了"多样性委员会",其任务是在整个组织内实施各类支持措施。对多样性的关注也产生了一些具有特色的文化团体,例如波音公司黑人员工协会、波音公司妇女网以及波音公司西班牙裔员工网等。这些团体鼓励具有共同文化背景的员工就共同关心的问题进行探讨。

(3) 职能过程委员会

航空航天支持部通过职能过程委员会在整个公司内实现了有效的内部沟通。每个职能领域都有一个委员会或领导团队,并且会与高一级的委员会或领导团队建立联系。职能过程委员会拥有特别的权力,能够确保具体的岗位技能知识能在各个组织中得以共享,同时确保共享的知识资源得到有效的利用。

2. 员工绩效管理

航空航天支持部利用绩效管理系统来达到引领员工队伍、评价绩效表现和促进员工发展的目的。作为面向未来的发展路线图,波音公司远景规划集中体现了公司的关键战略、核心能力以及构成企业文化基础的核心价值观。航空航天支持部的绩效管理系统(见图4-16)把个人的绩效表现同企业的远景规划联系起来,鼓励并促进员工对企业做出有效贡献;同时,通过构建个人的发展计划和绩效评价体系来强化员工自身价值的提升。

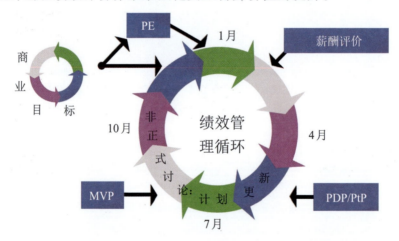

▲ 图4-16 航空航天支持部绩效管理系统模型

为了在强化组织目标和价值观的同时,使员工的绩效表现达到最优,航空航天支持部为员工提供了多种奖励和表彰。同时,公司会通过员工调查和目标进展情况跟踪来评估奖励和表彰的效力。

3. 员工聘用与晋升

波音公司的人力资源部门负责研究确定各工作岗位以及具体业务的特点及所需技能。航空航天支持部利用一个涵盖全公司范围的员工配岗系统,从确定工作需求开始就对员工聘用程序提供全程支持。无论是来自企业内部的还是外部的求职者，都可以查询整个波音公司的职位需求，同时求职者也会自动接收到与其工作兴趣和经历相匹配的可公开竞聘的岗位信息。

航空航天支持部广泛通过校园招聘获取人力资源，招聘重点主要是在校大学生和应届毕业生。通过在整个大学期间向他们提供暑期兼职工作，吸引并且留住优秀学生。同时，在航空航天支持部的各个外场，由联邦、州、当地职业代理机构和学校所组成的合作伙伴提供了充足的劳动力资源，可充分满足航空航天支持部的人力资源需求。

在职务晋升方面，航空航天支持部制定了一系列连续性计划保障员工岗位晋升，同时用于选拔人才，培养具有发展潜力的员工。除此之外，业绩突出的员工也会被筛选出来，他们的成长情况被重点关注，使他们为将来担当领导角色做好准备。航空航天支持部的培训和领导力开发委员会负责监督这些活动。

（二）员工学习与激励

航空航天支持部重视员工的教育、培训和发展，并为此进行了大量的投资，包括教育资助计划、波音领导力中心、虚拟学习中心以及为员工量身定制的一系列范围广泛的培训项目。这些措施为员工提供了大量的职业发展机会，以帮助他们实现个人职业生涯规划。

1. 员工的教育与培训

航空航天支持部拥有完善的员工教育培训体系，以确保建立一支精干高效的员工队伍。员工可以通过多种渠道接受培训，包括在岗培训和在线课程培训。除了参加各类正式的培训课程之外，员工还可以选择脱岗学习或职业咨询以明确自身发展的需要。

航空航天支持部开展各类员工教育、培训的根本目的是通过不同的方法和工具帮助员工掌握和强化工作岗位所需的知识技能。因此，很多培训都是"按需适时"提供，从而为这些岗位及时应用新知识和技能提供了可能。

2. 员工的激励与职业发展

波音公司支持将终身学习作为企业文化的一部分。公司的董事会主席和首席执行官曾说，"时刻为明天的机会做好准备，是波音公司之所以为员工提供范围如此广泛的培训和教育的根本原因。培养'终身被聘用的能力'是我们企业的一项战略,因为还没有哪家公司能保证终身聘用"。

航空航天支持部为教育培训投入巨资,以便让每一位员工得到额外教育的机会。公司为攻读在职学位的员工支付学费,一旦成功获得专业学位,该员工将获得部分股权以作为奖励;其他为员工学习和发展所提供的机会包括轮岗类和非轮岗培训。如此多样的途径、方法和机会营造了激发员工努力学习的企业氛围。

(三)员工的利益与满意

航空航天支持部通过悉心布置,并根据员工的反馈进行持续改进,为所有员工营造了一个安全、放心的工作环境。

1. 工作环境

航空航天支持部以达到美国政府安全健康和环境事务署(Safety, Health, and Environmental Affairs, SHEA)的要求为目标,通过让员工参与办公场所的安全建设、办公室的人体工学设计以及设备安全小组等措施使他们的工作环境得到保障,并且远远超出政府规定的安全标准。

2. 员工满意度

航空航天支持部的领导团队运用多种工具分析、寻找提升员工满意度的影响因素,如年度员工调查和员工满意指数(Employee Satisfaction Index, ESI)。图4-17给出了该分析过程的一个案例。

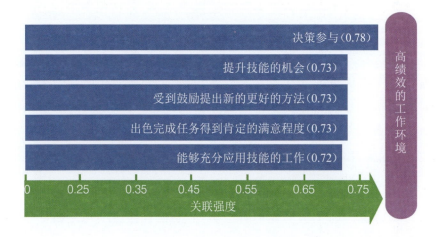

▲ 图4-17 ESI主要驱动因素分析

图4-17中显示了ESI的每个因素与高绩效工作环境之间的关联关系。其中,与ESI相关度最高的是参与决策的机会。因此,鼓励员工参与决策就成为提升员工满意度的激励因素。这一方法鼓励员工以主人翁的态度对公司的经营过程承担责任。航空航天支持部对可直接提高工作质量、提升客户和团队成员满意度的问题,授予团队直接做出决策的权力。

此外,航空航天支持部使用了多种正式和非正式的方法和工具来评估员工权益和满意度。其中,正式的评估工具包括波音公司年度员工调查和领导力评价。波音公司每年都会在全公司范围内面向所有员工开展员工调查。员工调查中包含了12个与ESI相关的关键问题,这些问题都是从广泛而专业的研究中发展起来的,能使波音公司将自己与其他优秀公司进行比较。为了便于开展员工调查,航空航天支持部将其按照业务、工作站点、项目、职能部门等进行了划分。领导团队利用特定的系统程序分析ESI的结果并制定改进计划,以解决员工关心的关键问题。

六、流程管理

航空航天支持部极其重视流程管理,这一点在其组织架构中得到了充分体现。其中,职能部门领导作为整个领导团队中的一员对员工、流程、工具/技术直接负责;高层领导的参与则保证了流程管理中所涉及的责任和义务的有效性和权威性。同时,为了细化落实流程管理要求,航空航天支持部基于波多里奇准则构建了跨越式拱形流程管理方法,如图4-18所示。这一管理方法包括定义、测量、改进三个过程,并通过PBM方法进行过程的改进循环。PBM是波音公司运输机与加油机事业部所使用的一种7步流程管理方法,其重点是措施和改进,而且需要参与整个流程的管理者、使用者、供应商和客户之间的互动与协调。图4-18显示了PBM在流程管理方法中的7个步骤。对于PBM方法的详细介绍见第三章第一节。

航空航天支持部使用了各种管理能力提升工具和方法(见表4-5)来定义和设计流程(PBM步骤1),并整合涉及效率和有效性各方面的诸多因素(PBM步骤2)。为了确保各个过程能够始终符合需求,各个过程的责任人需要定期同各利益相关方一道对流程的测量结果进行检查(PBM步骤3,4),同时对它们进行不断的改进(PBM步骤5,6,7)。

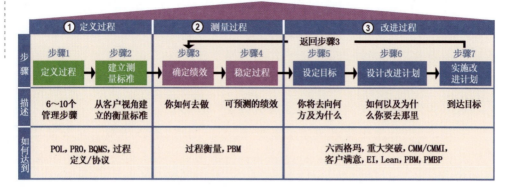

▲ 图4-18　PBM过程管理方法

表4-5　流程优化可参考的工具、方法

方法	目标
六西格玛	用于测量、分析和改进过程的统计学方法
工程再造/突破	为彻底/快速的改进提供方法
能力成熟度模型	为系统和软件的开发提供结构化框架
员工参与	授权团队可以达到高绩效
精益生产	消除浪费和分歧，提高过程的效率
基于流程的管理	在关注客户和供应商的同时，对过程管理进行标准化
项目管理最佳实践	共享经证实行之有效的项目过程管理经验

七、实施效果

波音公司航空航天支持部基于波多里奇准则，采用EPP保障了战略计划的有效制定和实施，建立了完备的公司治理和行为道德措施体系，并取得了优于行业平均水平的经营结果。1999—2003年，虽然航空市场整体平淡，但航空航天支持部的年收入仍然增长了一倍多，年均增长率超过17%。自1999年以来，航空航天支持部的维修和改装准时交付率接近95%，远高于同行业水平。1998—2003年，产品/服务合同的签订周期由平均100天缩短到23天。航空航天支持部还帮助供应商持续提升发货质量，2000—2002年成品完好率均高于99.5%。在员工关怀方面，自2000年以来，航空航天支持部员工因伤脱岗平均时间为1天/100人，远低于同行业3.1天/100人的平均值。

小 结

  波多里奇奖被全世界推崇为国家级质量奖的终极代表,它的设立,帮助20世纪90年代在国际竞争中处于弱势地位的美国企业提高了产品质量,提升了企业生存和竞争的能力。由核心价值观、评价准则和评分系统组成的波多里奇奖的卓越绩效模式,为全球众多企业实现卓越绩效提供了非常实用的工具。经过几十年的发展,波多里奇奖的卓越绩效模式不断演进,目前已经成为一套综合的全面组织绩效管理体系。

  20世纪90年代初期,波音公司面临恶劣的内外部环境,而通过应用波多里奇奖的卓越绩效模式,波音公司在动荡不安的竞争市场中始终立于不败之地,稳固了"空中霸主"地位。波音公司运输机与加油机事业部、航空航天支持部分别获得了1998年制造业和2003年服务业类波多里奇奖,创造了为数不多的同一家公司两获美国最高国家质量奖的历史。

  本章内容以波音公司航空航天支持部2003年获得波多里奇奖的历程为例,探讨了波音公司持续多年的卓越发展之路,其领导团队及全体员工按照波多里奇准则,在领导力、战略规划、以客户和市场为中心、测量、分析和知识管理、以人为本、过程管理等方面都进行了一系列卓有成效的建设,取得多项建设成果,值得众多正在追求卓越的企业学习与借鉴。

第五章
波音公司的杰出质量代表

有效的质量管理绝对不是硬件条件与人力资源之和,而是需要管理者在充分理解和运用质量标准的基础上建立起先进的质量管理体系,并针对明确的战略目标形成整个团队的整体质量观。从公司领导到部门经理,再到具体制定质量体系标准的专家,波音公司的质量管理历程中涌现出了多位杰出的代表人物,他们结合波音公司实际,将质量管理理念转化成了可操作的程序并深入贯彻实施,为波音公司战略目标的实现奠定了坚实的基础。

第一节　吉姆·麦克纳尼

一、人物简介

2005年6月,时年55岁的吉姆·麦克纳尼(见图5-1)击败了另外两位实力强劲的竞争对手,成为波音公司的董事长、总裁兼CEO。2016年2月,麦克纳尼卸任波音公司董事长一职,结束了他在波音的10年领导生涯。麦克纳尼在任的十年,是波音公司百年发展史上极为重要的10年。在此期间,波音公司遭遇了重重困难和挑战,但最终化危为机,保住了在世界民机市场的领导地位。麦克纳尼入职波音公司时,其市值只有500亿美元,而他退休时波音公司的市值已经达到1000亿美元。尽管麦克纳尼在波音公司辉煌的职业生涯已经结束,但他高超的管理智慧仍然值得学习和借鉴。

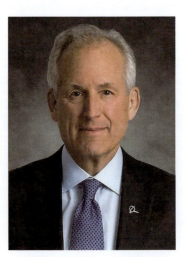

▲ 图5-1　吉姆·麦克纳尼

(一) 加入波音公司前的经历

1971年,麦克纳尼从耶鲁大学本科毕业。1975年,在哈佛商学院获得MBA学位后,麦克纳尼在宝洁公司开始了他的职业生涯。1978年,他离开宝洁公司到麦肯锡公司担任高级经理。1982年,麦克纳尼加入通用电气(GE)公司,担任信息服务部的副总裁。

在GE公司19年的职业生涯中,麦克纳尼在不到10年的时间里获得了4次升迁,并于1991年成为了GE公司电气分销和控制部的总裁兼CEO,当时年仅41岁。随后,麦克纳尼在1993年被派往中国香港担任GE公司亚太地区总裁,并仅用两年时间就建立起了GE在中国的第一家全资子公司。1997年,麦克纳尼被任命为GE公司飞机发动机部的总裁。

飞机行业是出了名的看背景和经历,麦克纳尼既没有当过飞行员也不是飞机工程师出身,竞争对手们都等着看这个外行的笑话,认为他一定管理不好这个部门。当时,GE公司只是波音公司的第三大发动机供应商,而且和前两家供应商相比还有巨大的差距。但仅仅过了两年,麦克纳尼就让那些看笑话的对手失望了。1999年,GE公司与波音公司签署协议,成为波音777飞机发动机的唯一供应商。自此,麦克纳尼与波音公司结下了很深的交情。之后,麦克纳尼成为GE公司负责亚洲业务、照明业务以及喷气发动机业务的副总裁。由于业绩出色,他成为GE公司传奇CEO杰克·韦尔奇(Jack Welch)钦定的三位候选接班人之一。2000年底,麦克纳尼在GE公司CEO的竞选中失败,并因此离开了GE公司。

明尼苏达矿务与制造公司(3M)立即将麦克纳尼招入麾下,成为该公司100多年来唯一一位外来空降的CEO。此时的3M公司正处于困境之中,销售额停滞不前、利润下滑、股价不断下跌,急需一位强硬的领导来重塑公司形象。麦克纳尼采用了GE公司著名的"六西格玛"分析方法来解决3M公司存在的管理问题,并重新规划预算,将更多的研发资金投入到更具前景的医疗和高科技领域。同时,还把3M公司的一些资源、人力和产品研发部门从发展缓慢、成本居高不下的美国迁往中国以及亚洲其他地区,把3M公司打造成为更具全球竞争力的企业。麦克纳尼的一系列改革产生了立竿见影的效果。2003年,3M公司的销售额达到了182.3亿美元,利润24亿美元,与麦克纳尼上任之

 波音公司质量管理

前相比增加了35%。在麦克纳尼的管理下,3M公司登上了美国《商业周刊》发布的美国50强企业排行榜,而麦克纳尼本人也被《商业周刊》评为全美最佳CEO之一。

而从2003年底到2005年的这段时间里,波音公司却一直麻烦不断,业务上创新不足,机型上也输给了空中客车公司,还被抢走超过10%的市场份额。在这段时间里,波音公司连续更换了两位CEO和一位首席财务官(Chief Financial Officer,CFO)。一时间,波音公司CEO的位置变成了一块烫手山芋,没人愿意轻易接手。2005年6月30日,波音公司宣布聘任麦克纳尼为公司董事长、总裁兼CEO。人们似乎很看好这位波音公司的新掌门,在波音宣布聘任消息的当天,波音公司的股价应声上涨了7%,达到一年来的次高点。

(二)波音十年

2005年7月,吉姆·麦克纳尼正式就任波音公司的董事长、总裁兼CEO,自此开始了在波音公司长达10年的颠簸之旅。

1. 困难重重的十年

在麦克纳尼掌舵波音公司的10年间,公司屡遭挫折,发展之路颇不平坦。

(1) 多次爆发大规模罢工

波音公司一直面临着管理层与员工关系紧张的问题,曾多次爆发过大规模罢工。在麦克纳尼掌管波音公司后,也曾出现过几次罢工。2005年9月,2.7万名波音公司员工罢工,使波音公司的商用飞机制造业务在长达28天内陷入瘫痪。2008年,又发生了历时58天的2.7万名波音公司员工大罢工。2010年,1 700名波音公司员工持续罢工30天。为此,尽管麦克纳尼及时采取了加薪等一系列改进措施,但公司与员工之间的这种紧张关系还是一直存在,波音公司多次面临由于罢工而导致飞机交付延期的问题。罢工事件不仅给波音公司造成了巨大的经济损失,也严重影响了公司的声誉和形象。

(2) 遭遇全球性金融危机

美国的次贷危机在2008年引发了全球性的金融危机。作为对金融危机最敏感的行业之一,航空运输业在2008—2009年经历了二战之后最为严重的衰退。航空运输业所遭受的打击又直接传导给了航空制造业,导致飞机订单急剧下降。波音公司在2008年获得的订单量仅为2007年的50%,2009年的订

单量更是下降到仅为2007年的20%。

（3）民机研制极其不顺

2005年，波音公司在客户确认订购18架747-8F货机之后，启动了747-8F货机项目，即卢森堡国际货运航空公司（Cargolux Airlines International）和全日空货运公司（All Nippon Airways Cargo）分别订购了10架和8架波音747-8F。但由于设计图纸更改、生产环节出现问题，以及工人罢工等原因，原本应在2009年交付的首架飞机，在推迟两年多之后，直到2011年10月才最终交付。而且，由于没能实现最初的节油目标，甚至出现了卢森堡货运航空公司在原定交付计划前两天突然宣布取消接收飞机的尴尬局面。

而最大的挑战则来自于波音787"梦想客机"。2007—2011年，波音787的制造进度延后了7次，首飞推迟了6次。其中的一个主要原因是波音公司在启动787飞机研制时，决定依靠世界各地的供应商网络来完成787飞机65%的制造工作。这种模式无疑能够节省开支，但是波音公司对飞机的制造控制能力就要弱很多。2011年，当波音787飞机终于开始交付时，已经比预期时间晚了3年。而投入使用后，波音787又接连出现技术问题。2012年2月—2013年7月，波音787至少发生了23起技术问题。2013年1月16日，一架波音787发生火灾，而另一架则是由于锂离子电池故障而紧急着陆。发生事故后，所有50架787"梦想客机"在全球范围内被暂时停飞。

2. 迎难而上，重塑波音

从入主波音公司的第一天起，麦克纳尼就致力于强化精益管理，努力提高生产效率并降低成本。麦克纳尼为波音公司员工设立了每年业绩提高15%的目标，尽管看似难度不小，但公司业绩的增长却说明了这一目标并非高不可攀。10年间，在麦克纳尼的推动下，波音公司密集启动了9个型号的研制工作，波音737、747、777系列飞机等主要产品的生产速度不断加快，宽体飞机系列（波音747-8、767、777和787）的产品线也更加完整，更具竞争力。在波音787项目屡次遇到困难时，麦克纳尼始终坚定支持该项目。2013年，波音787飞机因锂电池故障在全球范围内停飞后，麦克纳尼在公众的质疑声中挺身而出推动787飞机复飞，在恢复市场信心方面发挥了关键作用。波音787复飞首航时，麦克纳尼以普通旅客的身份亲自购票乘机，以消除旅客的担忧（见图5-2）。

波音公司质量管理

麦克纳尼掌舵波音期间,波音公司的员工数量从2005年的15.3万增长到2015年的16.3万。2014年,波音公司创下了交付最多商用飞机的全球行业纪录,在一年内交付了723架飞机,并连续三年占据世界最大商用飞机制造商的地位。10年间,波音公司的民机交付量、总收入、储备订单量稳

▲ 图 5-2　2013 年 5 月 20 日,波音 787 复飞首航

步增加,民机交付能力提升了 1.49 倍,总收入增加了 69.3%,储备订单价值增加了 59.2%。而与此同时,波音公司的管理支出却并没有随着企业规模的扩大而增长。2013 年,波音公司的管理支出为 39.6 亿美元,低于 2005 年的 42.3 亿美元。2014 年,波音公司的利润达到了 54.5 亿美元,创造了历史新高,比 2005 年增长了 1.1 倍。

麦克纳尼也一直非常重视中国市场,他曾表示,"中国迅速增长的航空市场对波音公司当前和未来的成功都扮演着重要的角色"。2015 年 9 月,中国国家主席习近平应邀对美国进行国事访问,麦克纳尼极力促成了习近平主席参观波音公司。9 月 22 日,习近平主席访问了波音公司位于西雅图的工厂并发表了演讲。随后,多家中国企业签署了购买共计 300 架波音飞机的协议,波音公司获得了中国 380 亿美元的订单;同时,中国商用飞机有限责任公司和波音公司签署了在中国建设 737 飞机完工和交付中心的协议,这将成为波音公司首个大型海外生产基地。

2015 年 7 月 1 日,丹尼斯·米伦伯格(Dennis Muilenberg)接任成为波音公司 CEO 时,表达了对麦克纳尼的敬意。米伦伯格表示,他所得到的波音公司是比麦克纳尼在 2005 年入主时更能赢利、更加高效、更受人尊敬的波音公司。

二、吉姆·麦克纳尼的管理智慧

(一)全面推行精益生产

波音公司的很多部门在麦克纳尼到来之前就已经应用了精益生产原则。麦克纳尼主政后,决定将精益生产原则从波音公司的工厂推广到合作伙伴的工厂,通过使用共同的流程和技术,增进彼此的沟通,提高波音公司供应链的整体效能。麦克纳尼认为,精益生产的关键原则之一是赋予管理者和员工在运管中消除浪费现象的权利。他希望员工能够在实践中应用精益生产原则,成为生产一线的分析师和流程改进者,而不只是"机器上的齿轮"。而为了实现这一目标,除了要让员工掌握新的技术之外,还必须消除员工和管理者之间的障碍。麦克纳尼首先鼓励员工找到制造流程中的浪费和损耗现象;然后,他亲自参与挑选精益生产的管理者,并推动管理者与工人更近距离地一起工作。这样的合作能够让管理者与员工之间具有更多的共同语言,促进信息的自由流动,从而创造出有利于持续改进的文化氛围。

然而,要将这种理念延伸运用到全球的供应商网络中,并不是一项简单的工作,这要求供应商和客户都认同波音公司的文化并真正使其在业务运营中发挥作用。在任命波音787项目总经理时,麦克纳尼挑选了精益生产原则技能突出的夏纳罕(Pat Shanahan)。夏纳罕鼓励波音公司的供应商采用结构化的评审流程来分析其生产过程,并减少工作中的浪费现象。鉴于各家供应商与波音公司所采用的流程和方法各不相同,麦克纳尼要求每半年举办一次"精益+"信息交流会,推行使用标准化的工具,并鼓励分享"最佳实践"和准则,让波音公司和各家供应商能够互相学习。此外,麦克纳尼还逐步将参会方扩展到了波音公司的合作伙伴,例如美国空军等客户。这样的会议成为麦克纳尼推广精益生产原则的最集中方式。

麦克纳尼积极推行精益生产的最终目的是要改变波音公司的工作方式,尤其是要寻求消除工作中的浪费现象,并将这些释放出来的资源投入到能够为客户创造价值的活动中去。在波音787的研制过程中,通过推广使用精益生产方法,波音公司与各家供应商携手合作,一起寻找造成浪费的根源,并重新设计工作流程以减少浪费,最终优化了生产流程。

(二)不断提升员工价值

"我往往从关注人的成长而不是公司的运营战略或产品开始入手,这也包括我自身的成长在内。因为我相信如果管理者和员工自身得到了发展,那么公司的许多方面也会自然而然地得到提高。"

——吉姆·麦克纳尼

麦克纳尼心中的目标是:波音公司所有人每年都应进步15%。这考验着CEO的领导能力,包括如何为员工制订职业发展规划,如何激励员工创造优异的业绩;同时,这也与公司宣扬的企业文化息息相关,管理者应该鼓励员工做正确的事情,而业绩就是衡量工作价值的指标。麦克纳尼认为,这就是要助人进步。

麦克纳尼从不会事先判断一个人的发展是会停滞不前还是继续向前。他认为,应该从一个人的基本层面上去观察——对创新的接受程度、创新的勇气、努力程度以及团队合作精神。他相信,大部分人身上都具备这些潜能,但他们经常被困在一个官僚制度化的环境中,使得他们的能力范围越来越狭窄,并逐渐与公司的整体目标脱节。而他所要做的就是将这些员工的潜能激发出来。

麦克纳尼给予了员工充分的授权。他鼓励员工发挥主人翁意识,从"发现问题"转变为要求其主管协助他们"解决问题"。这种转变使得员工的求知欲得到了极大满足,并且利用知识提高业务水平的能力也明显增强。一旦掌握了分析工作流程所需的工具和数据,那么不用等到管理者做出决策,员工自己就会做出决定。同时,麦克纳尼鼓励公司的管理者走近员工,与员工建立共同语言,从而降低员工与管理者之间的沟通门槛,沟通的渠道更加顺畅,也更加便于管理者推进精益生产的流程改造。通过这些方式,麦克纳尼在波音公司内部营造出了一种非常积极的氛围,极大地缩短了从发现问题到解决问题的时间间隔,从而提高了整体运营绩效。

(三)建立信任兼监督的管理模式

作为全新的机型,除了完美的外形和创新的技术之外,波音787"梦想客机"的先进性还突出体现在项目管理模式上。为了追求新技术并降低成本,波音公司往往会将大量项目外包。波音787项目的外包比例达到了史无前例的80%，并首次将机翼和机身等关键部段的设计和制造进行了外包，其供应商遍布三大洲，包括43家一级供应商。而作为高新技术项目，787项目的目标也随着时间不断调整。例如，波音787最初的设计航程为14 200~15 200千米，最大起飞重量为219.54吨。后来，为了保持有效的商载，从第20架机开始的起飞重量增加至227.9吨。由于"目标蠕变"和"技术的不确定性"，供应商很难及时做出响应。麦克纳尼意识到，必须放开对供应商的控制，将全球供应商转变为全球合作伙伴。这带来了巨大的管理挑战。

麦克纳尼首先让波音公司与合作伙伴在流程线上建立起了自上而下的信任关系。波音公司不再专注于每家供应商所制造产品的具体细节，而是只要求供应商提供什么样的部件，由供应商决定如何设计和制造。然而，波音公司发现，由于与波音公司所关注的重点不同，供应商在关键时刻处理问题的态度也就和波音公司有所不同，彻底放开对供应商的控制并不太妥当。不过，尽管存在着一些问题，麦克纳尼仍然坚信全球合作伙伴关系是很关键的。

在出现了几次延期交货后，麦克纳尼决定转为采用"信任兼监督法"。波音787项目共涉及700多家零部件、硬件、软件和系统供应商，麦克纳尼的方法之一是将波音公司的工程师团队派驻到供应商所在地与其进行合作。2008年，波音公司成立了"产品运营中心"，负责管控所有波音公司供应商的产品，以便迅速解决问题，并保持787项目的先进性。"产品运营中心"配备了各种工作人员，包括28种语言的翻译、采购人员、供应商管理人员、物流专家以及被称为"控制者"的质量管理团队。其中，质量管理团队主要负责在供应商的生产现场和波音787飞机的总装现场进行监督，从而增强在出现突发情况时及时计划、执行、权衡和响应的能力。为了消除影响供应商的一些负面因素，波音公司还改变了对供应商的要求。过去，波音公司的操作大纲往往有数千页之多，并且要求供应商严格遵照执行，不能有任何改变或例外。相比之下，波音787飞机的操作大纲只有几十页，而且只是描述了"特定部分要什么样的"，或"系统应该做什么"，而没有关于怎样装配的问题。在波音787项目与全球供应商进行合作的过程中，波音公司创造出了一个多元化、分散型的组织。

麦克纳尼委派波音787项目经理负责监督涉及项目进度的相关经营状况，

做出相应的调整,并制定应急方案。针对787项目,波音公司共制订了8种应急方案,结果,波音公司遇到了所有的问题,包括与供应商之间的沟通障碍,以及由于供应商将工作转包给无法准时交付产品的其他供应商而无法按时履行合同等。例如,波音的长期供应商沃特飞机工业公司负责制造787飞机的机尾,但沃特公司聘请了以色列航空航天工业公司(Israel Aerospace Industries, IAI)来设计和建造该部分的机舱地板,这项任务涉及6000多个部件的制造和组装。过长的外包供应链带来了预料之外的问题,很多产品都难以符合波音公司设定的公差范围。于是,波音公司和沃特公司的专家小组来到以色列,从头开始全程监督每一个零件的生产。收到了生产前线关于这些问题的报告后,麦克纳尼及时调整了与供应商之间的关系,一方面减少了沃特公司的部分任务,使其能够集中精力;另一方面,波音公司的工程师可以到沃特公司工厂对前期的生产过程进行监督。最终,尽管波音787飞机延期交付,但波音公司还是通过更好的质量、共担经济风险等形式获得了收益。

回顾麦克纳尼领航波音公司10年的经历可以发现,他是一位具有足够灵敏度和洞察力的领导者。麦克纳尼通过建立自上而下的信任关系,从提升每个人的价值入手构建了整个公司的制度和企业文化。接手波音787项目后,面对如此庞大的生产链,通过采用信任兼监督的管理模式,引入虚拟管理团队,有效地实现了质量管理目标,虽然没有满足进度要求和成本预算,但是获得了巨大的技术成功,从长远来看还是值得的。

第二节　大卫·斯帕恩

一、人物简介

1961年,大卫·斯帕恩(见图5-3)从伦敦大学毕业,获得理学学士学位,并进入英国电气航空公司(English Electric Aircraft)工作;1968年,斯帕恩获得密苏里大学的理科硕士学位;1972年,斯帕恩获得华盛顿大学工程博士学位。斯帕恩还曾供职于柯蒂斯·莱特公司、麦·道公司与波音公司。在麦·道公司,斯帕恩是C-17项目的总工程师;在波音公司,斯帕恩分别于1998年和2003年带领运输机与加油机事业部和航空航天支持部获得了美国波多里奇奖,成为波多里奇奖历史上的传奇。2004年3月,在航空航天工业界工作了43年之后,大卫·斯帕恩博士从波音公司退休。在其漫长的职业生涯中,斯帕恩从一名工程技术领域的专家成长为波音公司这家大型企业的优秀管理者,并在退休后继续作为顾问向领导机构提供波多里奇准则应用的指导。

二、大卫·斯帕恩的波奖之旅

1996年底,波音公司兼并了麦·道公司,大卫·斯帕恩成为波音公司一员,

▲ 图5-3 大卫·斯帕恩

并在之后被任命为运输机与加油机事业部的副总裁兼总经理。斯帕恩运用波多里奇准则成功改变了运输机与加油机事业部危机重重的局面,1998年第一次带领团队获得了波多里奇奖。2000年11月,斯帕恩接手波音公司航空航天支持部,3年后再一次登上波多里奇奖的领奖台,实现了他在退休之前带领波音公司团队再夺波多里奇奖的愿望。

(一)第一次波奖之旅

当大卫·斯帕恩来到波音公司运输机与加油机事业部工作时,他面对的是经常出现质量问题、员工对未来缺乏信心、交货经常延期、成本居高不下的危机四伏的局面。当时,波音公司与客户之间的关系很差,飞机交付延期且预算超支,产品质量也很差,需要大量的返工和修理。在与运输机与加油机事业部的员工们进行深入交流之后,斯帕恩感受到,员工们希望管理层有所行动。

斯帕恩是"波多里奇准则"的坚定拥护者。他认为,波多里奇准则是非常好的管理工具,能够从整体上展现出一个组织在运营过程中所需要考虑的所有问题。在斯帕恩的带领下,运输机与加油机事业部的管理团队对标波多里

奇准则,通过内部评估来指导管理行为,管理层的薪酬与内部评估分数挂钩。

斯帕恩从那些最显眼的地方开始入手。例如,在工厂里,从改善工具的摆放归类甚至是厕所的卫生状况开始入手。这些或许和实现卓越的绩效相距甚远,但斯帕恩希望通过这些变化向员工们传递一种信息,"我们的管理层要开始行动了,变化要开始了"。

为了激励员工,让每个人都感受到新的工作方式、感受到组织的愿景,斯帕恩组织对员工们进行了团队培训。通过培训,员工们打破了原来的交流方式,培养了合作的精神。斯帕恩自己也亲自到工程师的办公室和家中跟他们交流,希望所有人都能知道他的想法。大家惊奇地发现,以前很麻烦的一件事现在看来是多么简单。例如,过去在运输机与加油机事业部,有时员工们会发现要找到一个梯子都很麻烦,而经过团队培训之后,员工们才发现之前自己的行为是多么可笑,而这都是因为自己不愿意沟通的结果。

斯帕恩在运输机与加油机事业部建立起一种重视沟通、平等、合作的氛围。几年之后,运输机与加油机事业部的经营状况明显好转。1997年,斯帕恩领导的运输机与加油机事业部首次申请波多里奇奖,尽管最后未能获奖,但却为员工们树立起了极大的信心。斯帕恩从员工那里收到的反馈是:"我们应该在1998年再次申请,因为我们可以赢。"

斯帕恩认为,员工是相信质量的。在过去的一些内部调查中,斯帕恩曾向员工们提出这样的问题:"你的主管是否相信质量优先于成本?质量优先于进度?而进度优先于成本?"结果如图5-4所示,大多数人都认为他们的领导看重质量。斯帕恩说:"我发现,我必须在每句话中提到质量。因为如果我不这样做,员工们会认为我不再相信质量了。所以,作为领导者,我必须强迫自己发出信息。而好消息是,在一段时间之后,效果就自然而然地出现了。"

第五章
波音公司的杰出质量代表

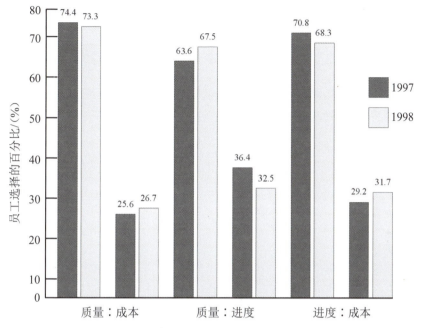

▲ 图5-4 员工相信质量

1997—1998年,运输机与加油机事业部在所有方面都取得了显著的进步。1998年,运输机与加油机事业部的年收入为26亿美元,净资产收益率达到了169%。当年,运输机与加油机事业部再次申请了波多里奇奖,并一举成功。图5-5为斯帕恩(中)接受克林顿总统颁发的波多里奇奖。

(二)第二次波奖之旅

▲ 图5-5 1998年,斯帕恩接受克林顿总统颁发的波多里奇奖

2000年11月,大卫·斯帕恩接手了波音公司航空航天支持部。虽然同属于波音公司,但运输机与加油机事业部属于制造业,而航空航天支持部属于服务业,两个部门有着完全不同的文化。航空航天支持部主要负责在全球范围内为所有的波音飞机提供支持,包括维修、保养以及人员培训等,涉及全球130多个工作站点和6家大型子公司。这种复杂的服务业管理模式,与斯帕恩

之前30多年的飞机制造经验有着很大的不同,这对于斯帕恩来说是一项全新的挑战。

接手航空航天支持部之初,斯帕恩感觉这是一个管理相对完善的部门,而且具有一定的过程管理基础,整体运行平稳,似乎没有任何危机。但是,内部调查和测评的结果却出乎意料。"年轻员工的描述,跟管理层所认为的好像完全不同。组织内部对于自己的基本任务和使命完全无法达成共识。"同时,斯帕恩还发现,由于和之前领导文化的不同,现有的领导团队并不理解斯帕恩的领导方式,也不信任他。在这样一种环境下,斯帕恩决定用自己更为和善的管理风格,以更富有活力的合作关系,为员工们找到释放他们潜在创造力和安全感的管理模式。

在对航空航天支持部有了整体的了解之后,斯帕恩和他的助手黛比·科勒德(Debbie Collard)很肯定地认为,这个部门是可以得到改进的。他们所做的第一件事就是创建了"卓越经营办公室",在航空航天支持部内部建立起对波多里奇准则的关注。"卓越经营办公室"在航空航天支持部内部进行了一项宏观评估,通过评估,斯帕恩的领导团队发现了一些需要关注的领域,包括企业规划、客户满意度、员工参与以及流程管理等。为此,斯帕恩给每个工作项目指定了一名执行经理,并提出了改进计划,要求按照计划执行和检查,从而使整个组织得到改进。执行计划后的反馈报告,就是斯帕恩的领导团队需要努力的方向。

由于航空航天支持部的业务遍布全球,业务部门、工作站点、产品、服务与客户非常多。因此为了业务的增长和开展,通过在业务部门、工作站点和职能部门采用矩阵式组织结构来安排业务。业务部门、工作站点和职能部门都有自己相应的职责,业务部门主要负责整个组织的业务增长,由于业务部门掌握来自外部客户的收入来源,因此负责损益方面的工作;业务部门还要负责客户接洽与客户知识、合同管理与执行、产品性能、按合同交付,以及系统、流程和工具的技术要求提供方面的工作。工作站点则负责对业务部门委托的项目进行日常管理,包括卓越经营、现场资源分配和整合、基础设施要求与维护、整体人力开支或人数统计、团队及政府间关系、当地政策等。职能部门(如工程部门、人力资源部门)负责开发、改进和整合流程、工具和系统,负责流程的高效执行以及先进技术的研发。大家共同努力,使航空航天支持部向前推进。

除此之外,领导团队还需要有能够在整个组织内推行波多里奇准则的方法,这正好符合航空航天支持部的组织结构。斯帕恩让领导团队的每位成员分别负责波多里奇准则的一个领域,要么是一个类别,要么是一个项目,并让他们对方法和结果负责。然后,现场领导负责这些方法的实施,现场领导与团队成员一起工作。每个团队成员对接一个具体管理人员,具体管理人员并非现场领导小组的成员,而是业务部门、工作站点和职能部门中负责日常管理的人员。现场的具体管理人员组成了卓越经营支持团队。

每种方法、部署和结果都有一个详细的责任矩阵,并根据需要更新,以便与不断变化的组织保持同步。除日常工作外,矩阵中的每个人都负有责任。这种方法的主要优点就是整合、合作,它促进整个组织不断成长。

到2001年,斯帕恩领导的团队已将波多里奇准则树立为组织的顶层业务模式,并要求各大分公司申请其所在国家、州或地方的质量奖,例如,澳大利亚分公司被要求申报澳大利亚国家质量奖。这是为了解决地理上分散的组织机构问题,领导团队把它看作是一种系统地收集整个组织信息的方法,以了解大家在准则方面的执行情况。德克萨斯州分公司申报所在州的质量奖,初次评审中得了250分;第二分公司借鉴了德克萨斯州分公司好的做法,在当地申报质量奖时得到了300分的成绩;而在堪萨斯州的分公司,不仅借鉴前两家的经验,还获得了所在州的质量奖。"小波奖"在分公司遍地开花,各个分公司都在通过运用波多里奇准则,取长补短,大家多了一种共通语言。

2002年,斯帕恩团队再次对航空航天支持部进行了一次内部评估。他们聘请了波多里奇奖审查员来进行评估,并取得足够的成绩,得到450分。他们认为,航空航天支持部也可以在2003年申请波多里奇奖了。

2003年,航空航天支持部在波多里奇奖评估中得到了550分的成绩。该部门2003年的年收入达到40亿美元,收益4亿美元,实现了两位数的收益率。图5-6以定性方式表明航空航天支持部自实施波多里奇准则以来,收入逐年增加。

2003年9月,航空航天支持部接到通知,要进行一次波多里奇奖的实地考察。在斯帕恩及其助手科勒德的组织下,航空航天支持部开展了以下几件工作。第一，了解进行实地考察的目的；第二，进行模拟现场考察，让大家知道具体该做什么；第三，设计专门的徽章，对航空航天支持部的员工做出独特的识别，这样考官就知道该找谁谈话；第四，采用相当多的激励性手段，包括发钥匙扣等小玩意儿，以便员工对访问有所了解，并对其进行激励；第五，斯帕恩做了一次特别引人注目的演讲，他发自肺腑的演讲让员工们都兴奋起来，准备向考官展示他们自己。

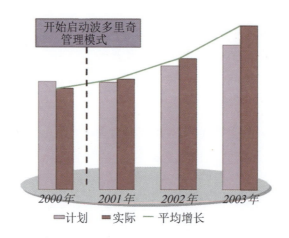

▲ 图5-6　波音公司航空航天支持部2000—2003年的收入表现

最终，航空航天支持部第一次冲刺就获得了服务业类的波多里奇奖。图5-7为斯帕恩（右二）接受布什总统的颁奖，图中左二为斯帕恩的助手黛比·科勒德。

斯帕恩表示，他们在航空航天支持部的卓越绩效之旅中开发的关键模型之一是一个领导体系。他们从利益相关

▲ 图5-7　2003年，大卫·斯帕恩接受布什总统颁发的波多里奇国家质量奖

者开始,对其进行了改进,以强调他们试图创造的文化类型。波音公司的领导者通过整个组织架构内的定位和交流,使利益相关者与波音公司的愿景和价值观保持一致。在这个基础上,他们组织、制定计划、调整、执行计划,奖励和识别各类人员,并总结组织和个人的经验教训,所有这些都有助于推动部门乃至整个公司的持续改进。斯帕恩称:"我们的愿景是,人们共同努力,成为世界上最大的可持续创新解决方案提供商。我们的价值观本质上就是波音公司的价值观:领导、诚信、质量、客户满意度、员工共同努力、团队多样化、良好的企业公民意识、提升股东价值。"

三、大卫·斯帕恩的管理之道

两次带领波音公司的两个组织获得了波多里奇国家质量奖,大卫·斯帕恩有着自己独特的管理之道。

(一)建立良好的沟通,重塑组织文化

在这两个组织中,斯帕恩建立领导体系的起点都是确立并沟通好发展方向,通过有效的沟通迈出实施管理的第一步。

斯帕恩欢迎每一名员工到他的办公室与他沟通。通过一对一的交流,斯帕恩向员工传递了他对于组织和员工的信心;同时,他和工会组织保持了良好的关系,以便随时了解员工的想法,重塑组织的文化。斯帕恩说:"要把信息传递到最底层,传递到那些真正工作的人那里,他们才是真正的执行者。领导者要授权、要激励员工,使每一名执行者都感受到领导者的工作方式和组织的愿景,这样才能够真正形成组织的文化。"

除了谈话,斯帕恩还开展了多种形式的培训,包括团队培训、审核员培训等。经过团队培训,团队的认识得到了统一,员工的沟通障碍也就此被打破;而通过波多里奇审核员培训,很多年轻员工与"卓越经营办公室"保持着良好的沟通,他们中的一部分人组成了调查小组,负责调查并报告组织的现状,从而时刻推动改革的进行。

(二)给予关键人士充分授权,对不赞成的人说再见

斯帕恩的得力助手黛比·科勒德曾经是一位严格的空军女教官,具有丰富的员工培训经验以及良好的与人沟通的能力。这些素质让黛比成为斯帕恩

两次创奖的关键助手。斯帕恩给予了像科勒德这样的关键人士很大的权力。科勒德的主要工作是督促项目执行人实施改进,她可以不用请示就直接开展工作,但需要通知斯帕恩,以防止别人问起来他可以应对。而由于科勒德并不是业务部门的直接领导,因此当她无法推动某项工作时,斯帕恩就会出面"拉动",督促这些部门的领导或项目执行人与科勒德进行沟通。这"一推一拉",是斯帕恩实施改进的重要方法。斯帕恩所创立的卓越经营办公室,其精明之处在于直接向总裁办公室汇报,因此能够得到最高领导的支持、授权和保护。

在重塑了组织的文化并建立自己的团队之后,斯帕恩遇到了最大的阻力——中层。因为中层可能要面对不一样的考核,而新的考核方式对他们来说可能不是那么好,或者新项目执行的结果不那么令人满意,所以他们不赞成新的变化,甚至有时会影响改革的实施。对于这部分人,斯帕恩的观点是:"要么转变,要么离开。"事实上,两次创奖,都会有10%~15%的人选择离开。斯帕恩知道,这些离开的人并不是来自一线的员工,因为一线员工会发现这些改变能够给他们的工作带来便利,他们愿意参与改变。

(三)直面危机,谙练运用波多里奇准则

在斯帕恩看来,危机更容易带来变化。优秀的企业也许看上去没有危机,但是组织的成员必须要有危机感,危机感可以促使企业一步步迈向卓越。当斯帕恩把波多里奇准则用于C-17项目的改进时,整个波音公司也都在使用这套方法,但其他部门却没有获得成功。斯帕恩认为,这主要是因为他们所遇到的困难没有运输机与加油机事业部严重。而当斯帕恩初到航空航天支持部时,部门上上下下都是"自我感觉良好",但是经过一系列的评审,却发现了越来越多的改进空间。正是因为强烈的危机感,航空航天支持事业部才开始了创奖之旅。

斯帕恩最感到高兴的是,在他退休以后,一些老员工仍然记得和他的谈话,并且在工作中按照他所宣扬的准则来改变实际工作。员工们对于斯帕恩的评价是:"他怎么想的,他就怎么干。他的言出必行,使员工们变得坚定,使波多里奇的拥护者越来越多。"

斯帕恩用10年的实践证实了波多里奇准则的价值,它可以彻底改变一个

企业的面貌。斯帕恩形象地解释了自己运用波多里奇准则的心得："如果把管理一个公司比作烹调鱼汤,波多里奇框架就是一口大锅,然后按照配方把过程管理等各种调料放进去,一样都不能少。也许经过多年实践之后,我们可以按照自己的口味增减调料,但最开始的时候,我们只要照着配方做就好了。谁来点燃火呢?领导者。为什么要点燃这个火呢?因为有愿望,有需求。员工们要能闻到这锅汤的香味,利益相关方要能尝到这锅汤的美味。"

第三节　尤金·巴克

一、人物简介

作为波音公司的一名技术专家,尤金·巴克(见图5-8)在波音公司乃至整个航空航天工业界都受到了广泛的认可,被公认为一名具有前瞻性思维的质量管理体系专家。他牵头起草了 SAE AS9000 标准;担任 ISO TC20 工作组主席,牵头制定了航空航天工业的 AS9100 国际质量体系标准;带领 IAQG 团队修订航空质量标准,使其符合 ISO 9001—2000 标准的要求。美国联邦航空局、加拿大政府、SAE、美国质量协会(ASQ)、航空航天工业协会和美国国防部都充分认可尤金·巴克在质量管理体系工作中的权威。

▲ 图 5-8　尤金·巴克

尤金·巴克毕业于美国西北大学,拥有工业工程学士学位。他是波音民用飞机集团的高级技术人员,曾担任波音公司的质量总监,负责管理波音公司与质量相关行业协会的对接;还担任过波音公司质量体系流程行动小组组长,并且也是波音企业质量流程委员会的成员。尤金·巴克参与了 C-17 项目的研制工作,并且成功开发了波音公司的质量管理体系,为波音公司运输机与加油机事业部在 1998 年获得波多里奇

国家质量奖奠定了基础。

此外，尤金·巴克还是注册认证委员会（Registrar Accreditation Board, RAB）的董事会秘书；IAQG 的创始成员；ASQ 会员、质量工程师、质量经理；美国航空航天质量集团的前任主席；工业工程师学会的高级成员；SAE 成员；曾任职于美国国家标准协会（American National Standards Institute, ANSI）合格评定政策委员会；阿拉巴马大学和哥伦比亚大学峡谷社区学院的校长质量委员会成员。1998 年，尤金·巴克获得了 ASQ 颁发的西蒙·科利尔质量奖（Simon Collier Quality Award），以表彰他对国内和国际质量行业的贡献。

尤金·巴克自己认为最有成就感的两件事：第一，作为 C-17 项目的成员，设计了一套质量管理流程并将之付诸实践，使波音公司得到了不错的回报，并获得 1998 年的波多里奇奖；第二，参与并领导国际航空质量集团，领导团队编写航空行业的国际质量体系标准，并亲眼看见它在全世界很多国家得到实施。这一标准被 95% 的集团成员接受，他所组织编写的质量标准改变了整个航空行业。

2005 年，尤金·巴克从波音公司退休。波音公司对他给予了极高的评价："您对质量的远见使波音公司和航空航天工业进入到一个新的令人兴奋的未来。波音公司的企业质量流程委员会感谢您带领我们取得今天的成就，并为明天设定方向。您带给他人的灵感将会通过您留下的'财产'延续下去。"

二、尤金·巴克对波音公司质量体系建设的贡献

C-17 项目是波音公司运输机与加油机事业部的重点项目，但却面对着在每年飞机销售价格不断降低，却仍要继续保持赢利，继续提高质量和客户满意度的压力。因此，波音公司必须降低制造成本，才能保证有竞争力的市场价格。在尤金·巴克的组织和指导下，波音公司于 1996 年编发了第一版 D1-9000A《先进质量体系》，其中包含了 ISO9000 的基本质量要求和 SPC 方法与手段，并将国际航空航天质量组织制定的 AS 9100 系列标准要求与波音公司自身的特点、需求和经验相融合。先进质量体系的建立成为波音公司运输机与加油机事业部获得 1998 年波多里奇奖的重要因素。

三、尤金·巴克对波音公司质量管理特点的解读

在波音公司任职期间,尤金·巴克经历了两次获得波多里奇奖的过程。在波音公司通向卓越的历程中,他对公司质量管理的特色深有体会。

(一)领导层是最重要的因素

领导的作用是为公司确定方向和目标,并且为实施公司的规划寻求合适的资源。领导者应该制定3~5个确切的目标,而且慎重对待这些目标。公司可能有一年内的目标,也可能有三年的目标,这些目标决定了公司在这三年里做什么。此外,领导者要信任自己的员工,要相信为了实现这个目标员工们能做好自己该做的工作。对员工的信任,是波音公司与众不同的一种管理方式。

领导者还要让员工参与进来。波多里奇准则非常注重的一条是:领导确定目标后,如何与自己的员工进行沟通?这样做,一是为了确保员工理解自己的职责;二是为了给员工足够的自由发挥空间,以便随时随地进行改进;三是为了推动流程的改进。一味强调员工的勤奋工作,只能获得短期的成效,因为稍有松懈就有反弹。改进的最佳方法是让员工参与流程再造,流程再造的核心是巧妙地工作,而不仅仅是勤奋。要支持全员参与,让每个员工都了解和理解为了让公司或组织变得更好,自己是可以有所作为的。图5-9为波音公司员工广泛参与的领域。

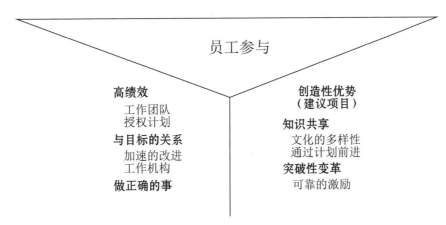

▲ 图5-9 波音公司追求卓越之旅——员工参与涵盖广泛的领域

(二)加强对流程管理和持续改进的关注

在尤金·巴克看来,学习波多里奇准则后,波音公司最大的变化是加强了流程管理和持续改进,特别是那些商业流程中影响客户满意度和卓越绩效的部分。总体来说,波音公司的工程师们在将制造流程精益化方面表现得非常出色,因此,管理层把目光转移到了公司的服务支持部门和人力资源方面,并在这些地方找到了巨大的改进空间。

在流程管理方面,首先,与员工进行充分的交流,让员工了解他们的真正期望。通过与员工们沟通对每个环节的要求,培训了新的员工,也改变了一些人现有的工作。其次,通过沟通,能够了解整个流程,找出流程中存在浪费的环节,从而进行下一步的改善。这需要全员的参与。在波音公司,大家都知道要参与制造产品和改进产品,也知道要参与对产业链的改进。

在对进度规律的掌握和测量方面,首先,管理层可以通过测量,明确改进空间。通过测量评估,能够发现需要对哪些方面进行改进以获得价值。其次,通过测量能够体现出改进。测量的结果能够让大家明白,原来是处于什么水平,而现在则是变得更好、更出色了。

(三)将公司的质量体系标准与行业标准相结合

航空业国际质量标准体系逐步成型后,安全和质量成为这套标准的明确核心。在安全和质量领域的改进并不是某一家公司所独有的竞争优势,整个航空业都会从中受益。这不仅仅包括最初的飞机制造领域,也包括众多的供应商以及运营和维修飞机的公司。

尤金·巴克领导的国际质量团队将波音公司的一些内部质量标准扩展到了供应商。波音公司的供应商一般是固定的,在与供应商合作时,波音的质量团队会帮助供应商应用这些标准来提高业绩,共同受益。而在此之前,波音公司只是让不同的供应商们把精力集中到各自特殊的要求和满足客户的特殊需求上,因而造成了不同供应商因客户需求不同而标准不一的结果。应用统一的标准后,供应商们便理解了波音公司的需求共性。当时,供应商是否参与制订这些统一的标准属于自愿行为,并没有硬性规定要求必须参加。

(四)提升整个组织的学习能力

无论是对于一家15人的小公司,还是像波音公司这样的巨型企业,学习都是一种至关重要的能力。波音公司一直非常关注员工的培训,除此之外,波音也注重提高整个组织的学习能力。不管是员工离开还是新手上路,组织都不应该失去自己所积累的知识,这也逐渐成为波多里奇奖的一个要求。构建学习型组织的一种方法是将整个流程进行文件化,分门别类地记录下正确的做法、错误的做法以及不同的方法。整个组织必须建立起良好的"计划、执行、检查、调整"(Plan, Do, Check, Action, PDCA)循环,从而进行持续改进。

这个理念同样适用于供应商。从前,波音公司的飞机仅在西雅图和华盛顿制造,零部件供应商多为美国企业,波音公司首先向这些供应商采购零部件,然后组装成飞机,并销往世界各地;现在,波音公司逐渐成为全球型的企业,零部件供应商遍布世界各地,因此,波音公司赋予了供应商更多的职责,不仅需要按规范来制造零件,有时还要自行设计某些零件。所以,对于波音公司的供应商来说,学习能力也是至关重要的。

第四节 霍华德·钱伯斯

一、人物简介

霍华德·钱伯斯(见图5-10)1964年毕业于美国田纳西大学,主修航天工程,拥有机械工程学士学位。钱伯斯曾在美国空军服役,退役后,于1969年进入罗克韦尔国际公司工作。在罗克韦尔,钱伯斯先后从事过测试、后勤、业务发展和项目管理等工作,后来成为B-1B项目经理。1996年,波音公司收购了罗克韦尔的航空航天和防务部门,钱伯斯加入波音公司,继续作为B-B项目经理,后成为C-17项目负责人。

2005年9月,波音公司任命钱伯斯为综合防务系统公司(IDS)下属的空间与情报系统公司(Space & Intelligence Systems, S&IS)副总裁兼总经理,直接向IDS的总裁兼CEO吉姆·阿尔博报告工作。钱伯斯负责情报与空间项目的人力资源、计划和资产,其中包括波音卫星研究中心,未来成像结构(波音未来成像卫星计划)的信息系统、任务系统和关键部件。2005年,钱伯斯被派到波音卫星研究中心,以重振卫星业务。当时,这家分公司正处于亏损10亿美元的崩溃边缘,面临裁员3000人的困境。经过钱伯斯的努力,2007年12月,卫星研究中心获得了NASA价值12亿美元的合同。以工业领域的标准来看,这份合同金额并不大,但这标志着波音公司卫星业务的复苏,是一个重要的里程碑。2011年,钱伯斯从波音公司退休,但他仍然是首席技术官顾问。

二、霍华德·钱伯斯在质量管理方面的成就

来到卫星研究中心后,钱伯斯的首要任务之一是规范卫星的制造流程。这些卫星曾像定制的房屋一样建造,每颗卫星都有自己的一套工具、零件和文件。过去,获得最简单的零件可能需要数小时或数天时间,因为它们必须单独订购。现在,在工厂车间里的任何人都可以进入供应棚内,那里有许多通用部件;工程师和机械师的合作也更加密切,而在过去,工程师设计完一颗卫星就离开了,期待着由机械师来解决设计问题。钱伯斯说:"太空业务是无情的,如果出现问题,你不得不停止工作,把它们分离出来,而且,因为我们不能派人去修理它,所以必须在第一次打开电源时就奏效。我们有一些项目问题正在恶化,我的作用是让事情得到控制。"自从钱伯斯接管了卫星研究中心的业务之后,这个几年前看上去空空如也的大型卫星制造厂已经开始嗡嗡作响了。钱伯斯说,困扰公司的质量控制问题已经得到解决。

2005年,在网络中心战(Network-Centric Operations, NCO)概念的冲击下,波音IDS开始逐步转型为一家支持网络的公司,这给公司带来了挑战。IDS必须专注于每天的改进,要比竞争对手有更好的执行能力。波音公司向钱伯斯提出了要求,确保IDS采用的是卓越的业务模式,并应用波多里奇准则进行管理。经过努力,IDS在向客户提供NCO解决方案方面获得了成功,展示了在未来战斗系统和地基中段防御等项目中作为一个网络支持公司的能力。这对于提升波音公司的核心

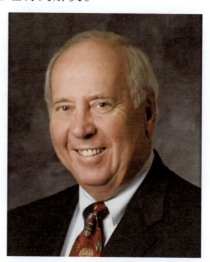

▲ 图5-10 霍华德·钱伯斯

能力和竞争力起到了重要的作用。

2007年,波音公司迎来了10年来最繁忙的一年。公司接到了4枚卫星的订单,较2004年增加了2枚,当时预计2008年将有8枚卫星升空。蒂尔集团(Teal Group Corp.)的空间分析师马可·卡塞雷斯(Marco Caceres)说:"质量的改善帮助波音公司重新获得声誉。我不认为波音公司现在看起来是一个低质量的制造商。"钱伯斯则说:"波音公司已经尝试了多种方法来提高员工的士气,包括举办披萨派对和表彰优秀的员工,但是没有比赢得新工作更好的方法来提高士气了。"

小 结

在波音公司的质量管理历程中出现了很多杰出的代表人物,他们中有公司总裁、部门经理、项目经理,乃至制定质量体系标准的专家,本章仅例举吉姆·麦克纳尼、大卫·斯帕恩、尤金·巴克、霍华德·钱伯斯等几位作为代表。

吉姆·麦克纳尼作为波音公司的董事长、总裁兼CEO,在长达10年的领导道路上遇到了来自公司内外的重重危机,通过全面推行精益生产、不断提升员工价值、建立信任兼监督的管理模式,果断而灵活地采用适合的质量管理方法,使波音公司在经济收益和技术成就方面都获得了巨大的成功。大卫·斯帕恩作为波音分公司的优秀管理者,带领运输机与加油机事业部和航空航天支持部先后两次获得了波多里奇奖,他根据所在部门的具体情况,坚定地按照波多里奇准则进行质量管理,建立起良好沟通,重塑组织文化,给予关键人士充分的授权,让员工和利益相关方都能够从波多里奇管理框架中受益。尤金·巴克是航空航天工业界公认的质量管理体系专家,他领导团队制定了波音公司的质量体系标准,这些体系标准的建立使公司明确了自身的问题和改进的空间,成为波音公司通向卓越道路上的路标。霍华德·钱伯斯在波音商用卫星、空间与情报系统项目中表现突出,他规范了卫星的制造流程,采用卓越的业务模式,并应用波多里奇准则进行管理,支持IDS向网络中心战的转型,对提升波音公司的核心能力和竞争力起到了重要的作用。

这些质量管理的代表人物性格迥异,其职业经历和在公司的职务也大相径庭,但是他们有一个共同的特点,即都能够结合公司的实际状况,将质量管理的理念转化为实际可操作的程序,并坚定不移地贯彻实施,最终为公司战略目标的实现做出了巨大的贡献。他们的质量管理思想和方法给后继者留下了宝贵的经验和启示。

第六章

波音公司质量管理经验与启示

回顾前文,可以清楚地看到,波音公司非常重视企业质量文化建设,"质量第一"的理念在员工中已经深入人心。同时,波音公司还构建了先进质量体系(AQS),以科学有效的制度和工具为质量工作保驾护航,成为其他企业争相学习和效仿的榜样。在推进 AQS 实践的过程中,波音公司十分重视供应商管理,目的是保证质量标准和制度的连贯和延续,从而确保每一环的质量都能得到有效管理和控制;同时,波音公司大力推行波多里奇准则。基于上述努力,波音公司两度摘取美国最高质量奖——马尔科姆·波多里奇国家质量奖。波音公司成功的经验令人羡慕,也激发我们思考如何学以致用,提高自身的质量管理水平与成效。

第一节 先进质量体系建设

一、先进质量体系实施经验

先进质量体系(AQS)是波音公司全面质量管理战略中的核心。1996 年,波音公司在吸收了 ISO9000 的基本质量要求和统计过程控制(SPC)方法和手段的基础上,编发了 D1-9000A《先进质量体系》,这也是波音公司自身经验和国际航空航天质量组织制定的 AS 9100 系列标准要求的融合。AQS 将全面质量管理使用的各种统计方法和工具程序化、系统化,使全面质量管理的实现更具有操作性。该体系可用于产品设计、生产、检验和测试,也可用于开发和业务过程。该体系有助于企业系统地改进产品,提出问题解决方案,并且通过了解和管理过程,减少波动。通过该体系可以实现成本、周期、质量、客户满意度和利润等方面的可测量改进。

(一)注重过程的波动管理

质量问题通常可以在工程设计阶段得到很好的解决,因此从设计开始就应分析设计中存在的波动。在设计阶段,波音公司让客户和供应商共同参与,对设计过程进行管理。其中,波音公司对客户和供应商的关系进行了重新定位,认为客户不仅仅是为产品付钱,供应商也不仅仅是提供原料、零部件或组装件的公司,所有存在供给与被供给关系的都可称为供应商和客户,这样的关系更有利于产品设计。

AQS要求在整个产品寿命周期内识别关键过程,并指出关键过程有两个要素:关键特性和关键过程参数,通过控制这两个要素来实现对关键过程的控制。由于波动对关键特性和关键过程参数非常重要,因此,AQS提出对波动进行控制,主要分为三步:①对过程和产品进行分析;②对关键特性和关键过程参数进行控制;③降低波动。通过这三步可以识别出过程波动,从而减少波动、降低成本、改进质量。在这个过程中,AQS详细说明了如何使用统计过程控制工具来系统地进行改进。

(二)强调持续改进

AQS的目标是持续永久的质量改进,其流程中体系要求的主要内容之一就是建立持续改进体系并将其文件化。为了保证AQS的有效性,波音公司在持续改进体系中有以下几方面的要求:有丰富知识的人、参与式管理、自上而下的战略规划、定义清晰并被充分理解的程序、预防和纠正措施系统、终身学习、与价值关联的持续改进、持续改进过程的文件记录、与业务计划挂钩、有效的内审机制等。

对于持续改进,要求与企业的长期目标结合,进行自上而下的战略规划,并说明持续改进计划的推进方式;要求在财务评审中对每一项活动进行成本和收益分析,评审之后根据需要对这些活动进行修改,同时还要求对过程文件持续改进。这些都是ISO 9000标准没有规定的,也是持续改进体系成功的重要原因。对于人员,要求符合ISO 9000标准,专业能力与丰富经验兼而有之,这需要培训和相应的实践。AQS强调终身培训,并在适当时对所要求的课程进行专业测试。对于预防和纠正措施系统,通过有效的内部审核,可以确定所需的预防和纠正措施；AQS还强调对根本原因的分析，这也体现了波动管理思想。

（三）将绩效测量作为改进的基础

AQS提出的绩效测量要求与ISO 9000标准一脉相承，同时对ISO 9000标准进行了升级，提出了适合波音公司自身的识别绩效改进的方法。AQS提出的绩效测量目的比ISO 9000标准更加明确，能使管理者更好地进行决策，识别改进机会，分配资源和控制流程，有助于管理者了解何时、何处、如何努力实现组织的目标。同时，AQS提出了不同于ISO 9000标准的可量化的绩效测量方法。在绩效测量中，通过有效性和效率来量化结果。有效性是通过内外部客户满意度进行测量的，相应的量化指标有交付及时性、客户拒收率、一次通过率、工程更改量、各流程阶段产品缺陷率、报废量等。效率是通过生产产品需要的时间和资源来测量的，可测量指标有周期、平均每天检验/测试的次数、在制品的数量、每个产品的成本等。此外，AQS提出的绩效测量范围更加广泛，不仅包括高层业务和经济的评估，也包括零部件和过程的评估，并将评估向其供应商推行。

二、先进质量体系的启示

波音公司AQS发展并使用至今依靠的最大优势就是秉持持续改进这一理念，并将这一理念应用到了质量体系的持续改进、管理方法的持续改进、生产流程的持续改进、供应商的持续改进等方方面面，从而使整个体系一直处于持续改进中，使其不断完善，在追求高质量的道路上不断进步。波音公司AQS给我们的启示如下：

• 企业应当从战略层面到具体流程都坚持长期、全面、系统地实施持续改进，追求卓越质量。

• 企业应当重视统计控制技术等科学方法的引入，全面运用于过程的波动管理。

• 企业应当建立和运行全方位的绩效量化测量体系，从产品质量、过程受控情况、完成任务情况和经济效益、客户满意度等方面进行测量和评价。

分析发现，统计控制技术等科学方法对AQS的顺利实施起到了重要作用。

在科学方法的引入和利用方面,波音公司有三点值得我们学习:
- 将统计过程控制工作纳入到质量管理体系。
- 规定统计分析方法和工具的管理流程与工作流程,给出解决问题的途径。
- 汇总统计技术分析方法和工具,为每一种方法和工具编制使用说明,使其文件化。

第二节 供应商质量管理

一、波音公司供应商管理经验

波音公司的供应商遍布世界各地,众多供应商构成了庞大的供应商网络。在对供应商的管理上,波音公司首先根据供应商的能力和自身的发展需求,不断改进对供应商的管理形式,使外部供应商的供应范围越来越大,供应商的供应范围从最初的原材料供应扩大到现在的使用交付和存储。波音公司在供应商准入要求、批准程序、绩效测量方法、监督管理方法上,都制定有完善的实施要求和方法。通过这些管理方法,波音公司从供应商入选源头、供应过程、供应结果对其进行全过程、规范化的管理。此外,波音公司也采用了持续改进的理念,提高对供应商的要求,改进对供应商的管理方法,从而在供应商端不断提高产品质量。总结起来,波音公司供应商管理值得借鉴的经验主要有以下三方面。

(一)制定供应商管理标准与要求

波音公司将其AQS的要求传递到供应商和次级供应商,并且制定了供应商管理标准,明确提出了对供应商的质量管理体系要求。在2007年初修订的《波音对供应商质量管理体系要求》中,波音公司要求其供应商执行AS9100系列标准,其中,供应商的质量体系要符合IAQG 9100系列标准的要求,供应商的检验和试验质量体系要符合SAE AS 9003的要求。该要求还将原来的"AQS持续改进要求"换成了要求供应商执行AS 9103《关键特性波动管理》;保留了波音公司对其软件供应商的质量体系要求,但内容有变化,补充、明确了对供应商的SEI等级认证要求。此外,波音公司还制定了《波音公司供应商数字化产品定义质量保证标准》《供应商关键过程/敏感机翼硬件质量要求》《供应商不合格品指南》等标准和要求,引导供应商进行质量管理。

(二)促进供应商采用先进质量管理技术方法

波音公司对供应商不仅有严格的过程控制要求,而且还给出实现这些要求所采用的系列技术方法,如先进质量体系工具手册、关键特性波动管理评估工具等,从而使质量管理具有可操作性,为供应商进行管理提供了便利。此外,随着质量管理水平的提高,波音公司不断促使其供应商采用先进的技术方法,如防错技术、赢值管理等,实现可测量的改进。

(三)建立系统化的供应商评价体系

为了更好地促进供应商达到波音公司的要求,波音公司建立了供应商绩效测量体系和监督管理体系,实现了对供应商的系统管理。这是一套成熟的绩效评分权重体系,从质量、交付期和总体绩效三个方面对供应商绩效进行测量和量化评价,并督促改进。同时,波音公司还设立了卓越绩效奖,以绩效测量结果为依据进行评奖,为供应商提供了有效的激励,促进供应商追求卓越。此外,波音公司通过对供应商开展产品评估、质量过程评估、制造过程评估实现了对供应商的监督管理,为提高和改进供应商的制造和质量体系提供了机会。

二、供应商管理启示

与波音公司这样的国外一流企业相比,国内企业的供应商质量管理仍存在一定的差距,结合波音公司的经验,提出以下几点供参考。

(一)完善供应商质量管理体系,进行深度合作

以波音公司为代表的国外大型企业非常重视供应商的质量管理体系建设,不仅有明确的体系要求,而且建立了分级的质量管理体系。因此,为了提高产品质量,我们应在当前工作基础上,以国家标准为基础,进一步完善供应商质量管理体系,组成完整的供应商网络,将企业内部质量要求逐级扩展,从而更好地从源头控制产品的质量。与供应商的合作应不仅限于提出要求、进行质量监查,还应包括对供应商的项目管理服务、指导产品设计与研发、参与制定产品寿命周期、提出财务管理解决方案等。只有与供应商深度合作,才

能从整体上控制产品质量。

(二)采用先进质量管理技术,严格过程控制

波音公司对其自身以及供应商的生产过程都提出了严格的质量控制要求,采用了质量过程评估(QPA)、产品评估(PA)、制造过程评估(MPA)等监管管理技术,帮助供应商改进制造、保障过程、提高产品质量。我们在质量监督工作中应根据生产实际情况,补充、细化、完善研制生产使用全过程的质量控制标准;质量监督不是"管",是对供应的制造、质量管理体系、保障过程的咨询与检查,是供应商自身提高的有效途径;减少不必要的、重复的监督,各类监管工作应尽量结合;向供应商提供详尽的评估报告,从而促进过程控制和精细化管理。

(三)建立监督评价体系,促进供应商质量管理

波音公司建立了供应商绩效测量体系,并采用了金色、银色、棕色、黄色、红色五级供应商绩效等级测评方法,其中金色为优秀供应商,红色为不合格;设立了年度波音卓越绩效奖,有效促进供应商质量管理达到卓越。因此,企业对供应商的激励机制应该是行之有效的,保证绩效测量是可量化的评估;应定期对供应商的项目/现场管理进行检查评估,并随时反馈、共享数据;对存在争议的问题按要求的流程重新评估,从而实现过程控制和精细化管理。

第三节 波多里奇准则应用

一、波多里奇奖获奖企业经验

波音公司曾两次荣获美国波多里奇奖,成为波音公司引以为傲的荣誉。波多里奇奖自1987年设立以来,帮助当时在国际竞争中处于弱势地位的多家美国企业提高了产品质量,提升了企业生存和竞争能力。之后,波多里奇奖逐渐成为世界许多企业学习的标杆。无论是否申请波多里奇奖,其评价要素都被多家企业奉为追求卓越绩效的质量实施工具。他们利用其评定标准进行自我审核及培训教育,以及绩效和业务流程的改进,实现了竞争力和经营绩

效的显著提升。获奖企业更成为卓越质量的领跑者。以波音公司为例,通过分析它的质量活动,可以概括出八个方面值得学习的经验。

(一)树立质量愿景

每一家波多里奇奖获奖企业在全面质量管理活动中都有明确的质量愿景(质量价值观)。企业通过愿景表达质量要求,并在愿景的指导下形成质量计划。表6-1列举了波音公司及另外两家获奖企业的质量愿景。

表6-1 质量愿景实例

组织名称	质量愿景
波音公司	力争"第一次的质量",持续改进各方面工作的质量,满足或超越所有股东的期望标准
Cadillac	设计、生产和销售世界上最精致的汽车,追求与众不同、舒适方便、性能讲究的超群水平;持续改进产品和服务的质量,以满足并超越客户的期望
Zytec	以市场为导向,提供一流的质量和服务;建立紧密的客户关系;提供技术先进的产品

(二)领导者积极推行

波多里奇奖获奖企业中的领导者都积极参与到全面质量的努力当中。以波音公司为例,其质量管理历程中出现了诸多杰出的代表人物,例如波音公司前总裁兼CEO吉姆·麦克纳尼、部门经理大卫·斯帕恩、项目经理霍华德·钱伯斯,以及制定质量体系标准的专家尤金·巴克。这些人物的性格迥异,其职业经历和在公司的职务也大相径庭,但是他们有一个共同的特点,即都能够结合公司的实际状况,将质量管理的理念转化为可操作的程序,并坚定地贯彻实施,最终为公司质量目标的实现做出了巨大贡献。

(三)聚集客户需求

波多里奇奖获奖企业以多种方式聚集客户需求。其中最普遍的两种方式为数据收集和数据分析。数据收集采用调查、电话访谈和面对面交流等方式。最常见的是公司自身实施的调查。以旭电公司(Solectron)为例,该公司坚持定期客户调查、管理层出访、与客户讨论、标杆学习、技术趋势分析等,当发现问题后,以流程化的方法来分析和解决这些问题,包括:①登记问题;②告知客户将会采取哪些纠正措施;③按必要的步骤实施以解决问题,使客户满意。

(四)制定计划流程

2003年,波音公司航空航天支持部获得了服务业类的波多里奇奖。航空航天支持部的战略计划是一套以波多里奇准则为基础而开发出的更为系统的方法,并进一步演化为公司的企业计划过程(EPP),由10个已定义好的步骤和4个要素(关键数据、战略、计划和执行)组成。10个步骤分别为:①指导方针/限制性规定;②年度评估;③评审并优化公司的使命、愿景、目标、差距和战略;④创建业务执行计划(BIP)和职能执行计划(FIP);⑤分配资源;⑥创建财务计划;⑦下达计划并统一调配组织资源;⑧执行计划;⑨监控计划;⑩经验教训与过程改进。

(五)培训员工使用SPC工具

波多里奇奖获奖企业要求员工学会使用统计过程控制(SPC)工具,帮助解决工作中遇到的问题。例如,表6-1中提及的Zytec公司,第一阶段要求员工了解基本工具,包括散布图、频率分布、变量控制图、分布控制图等,以及解决特定问题所需的恰当技术或方法。其中,工具箱起着非常重要的作用,有助于识别最有可能回答关键问题的"问题解决"工具。以Zytec公司为例,使用的工具见表6-2。第二阶段是帮助员工系统地学习解决问题的工具,并且立刻运用于实践。这个阶段的核心是PDCA循环,主要完成五个步骤:定义问题、形成假设、假设实测、引入变革、评估结果。而波音公司则把SPC作为控制关键特性波动的一种方法,对引起变化的波动进行测量、绘图、跟踪和管理。

表6-2 "问题解决"的工具

回答的问题	质量愿景
活动是如何进行的?	流程图
什么是最大的问题?	柏拉图
原因是什么?	原因-结果分析(鱼骨图)
原因与效果的关系如何?	散布图
目前的数据显示了什么?	控制图

(六)授予员工解决问题的权利

授权是强调人的作用,以达到控制和决策的目的。波多里奇奖获奖企业投入了大量的时间和精力,教育和鼓励员工更多地使用所给予的授权去解决问题。例如,旭电公司授权一线工人在任何他们认为必要的时候停下生产线,授权公司客户服务人员必要时退还或替换产品,而不需要取得上级的批准,授权工程师和销售代表在处理客户问题时,可以自己做出决定以满足客户需要。波音公司在其AQS的持续改进中,要求员工不仅要具备专业能力和丰富的经验,而且还要有开展工作的授权。

(七)以多种形式奖励员工

每一家波多里奇奖获奖企业都有其独特的奖励系统,采取不同的奖励措施,比如奖金、休假、"杰出员工光荣榜"等。这些企业在奖励方面的努力可归纳为:①为取得成功结果的员工和小组正面授予奖励;②公开授予奖励,让全公司、全部门都知晓;③仔细设计奖励,以满足追求奖励的每一位员工的需要,达到激励的目的;④在事情发生后的第一时间内尽早授予奖励;⑤让员工清楚地了解奖励和成就之间的关系。

(八)利用工具持续改进

几乎所有波多里奇奖获奖企业都有一个共同的特点——持续改进。这种持续改进是日积月累、渐进式的,而不是爆炸性、短暂性的。这些企业善于运用各种持续改进工具,包括标杆学习法、六西格玛等。波音公司在AQS建设的持续改进过程中尤其注重系统化和程序化地应用各种统计方法和工具,使全面质量管理活动更加量化和具有可操作性。例如,AQS对ISO 9000标准给出的五种识别质量管理体系绩效改进方法进行了改进,提出了适合本企业识别绩效改进的方法。该方法通过有效性和效率来实现绩效测量结果的量化。有效性通过内部和外部客户满意度进行测量,量化指标有交付及时性、客户拒收率、商保成本、产品可靠性、一次通过率、工程更改量、报废量、返工率、复检率、误差、错误及瑕疵等。效率通过生产产品需要的时间和资源来测量,可测量指标有周期、平均每天检验/测试的次数、在制品的数量、单个产品成本等。

二、波多里奇奖的启示

波多里奇奖的评奖标准以及获奖企业的成功经验对于希望成为世界级竞争者,或本行业领先者的企业而言是非常值得参考的。经过几十年的发展,波多里奇奖卓越绩效模式不断演进,目前已经成为一套综合的全面组织绩效管理系统。波多里奇奖卓越绩效模式和成功案例,可供我们在探索卓越绩效之路上参考借鉴。

(一)学习波多里奇奖核心理念

学习波多里奇奖的重点是学习其核心观念,主要包括10个方面:①领导确定正确方向;②以客户为中心;③持续改进和学习;④重视员工、发展合作伙伴;⑤快速灵活反应;⑥面向未来;⑦培育创新文化;⑧依靠数据进行管理;⑨履行社会责任和义务;⑩关注业绩。波多里奇奖标准对管理企业并取得卓越绩效提供了一个系统框架,这十条核心理念就是这个框架的基础。

(二)掌握波多里奇奖评价标准

大多数企业对ISO 9000系列质量标准都非常熟悉,但对三大世界级质量标准的融会掌握却不一定深刻。这三大质量标准包括:美国的波多里奇奖、日本的戴明奖和欧洲质量奖的标准。国外许多企业已经把波多里奇奖和戴明奖的标准作为全面质量管理的卓越绩效标准。以波多里奇奖为例,获奖企业的产品和服务必须保证百万次以上(按六西格玛标准差控制)的零缺陷。可以说,企业达到ISO 9000质量标准要求只是通往卓越绩效经营模式的第一步。

(三)以质量提升企业整体管理水平

质量代表着一家企业的整体管理水平。以波多里奇奖为代表的世界级质量奖的标准表明,关注未来、关注市场、关注社会,寻求企业员工及其他各相关方的共同发展,是未来企业可持续发展的共同趋势。当前我国企业面临的是全球化竞争,应当站在顺应国际经济发展的战略高度,分析自身的优势、劣势、机会和风险,了解竞争对手的实力和水平,关注客户的需求和期望,以企业与社会共同发展为己任,不断追寻卓越绩效经营模式,从而带动整体管理水平的提高,最终提升自身的国际竞争力。

(四)持续推行卓越绩效评价准则

2004年,由中国国家质检总局质量管理司提出,中国标准化研究院起草制定了GB/T 19580—2004《卓越绩效评价准则》。2012年,对《卓越绩效评价准则》进行了修订,形成了新版GB/T 19580—2012国家标准,并于当年8月开始实施。

该准则参考了波多里奇奖条款,结合我国实际情况,特别是加入了诚信经营、名牌战略、可持续发展等内容,从组织领导、战略、客户与市场、资源、过程管理、测量、分析与改进以及经营结果等方面规定了组织卓越绩效的评价要求。该准则是我国继 ISO 9000 标准应用后,使用最广、影响面最大的标准,对提升我国组织的产品服务质量及经营管理水平、增强组织核心竞争力将发挥重要作用。该准则还作为"中国国家质量奖"的评价基础,伴随着中国国家质量奖的推出而备受关注。

第四节 建设具有自身特色的企业质量文化

企业的质量文化伴随着一家企业的存在而存在、发展而发展,它不仅依赖新的质量理念,也依赖于对现有文化中优秀部分的保留、传承与创新。借鉴波音公司这类优秀企业的先进质量文化,学习其理论定义、知识要素、战略策划、过程方法以及实践措施;同时结合企业管理实践,从自身过去的历史与文化积淀中去粗取精,发现值得继承和发扬的东西加以拓展,形成由内而发、独具特色的企业质量文化,最终赢得员工、客户与市场的一致认同。

一、波音公司质量文化建设经验

企业质量文化是企业共同的质量信念、价值观以及解决质量问题和把握各种机会时所遵循的基本原理。每家企业都有自己的质量文化,波音公司的质量文化是全过程的持续质量改进,它通过满足内外部客户需求、人人参与管理、管理层与员工平等沟通、持续改进过程等措施来改进产品质量,提升服务质量,降低成本,提高员工士气,并朝着改进所有过程,消除造成报废、返工和修理等质量问题的目标不懈努力。其经验可归纳为以下四点。

(一)重视质量文化培育,质量意识深入人心

波音公司认为整个企业的卓越质量建立在"组织、人、流程、质量文化"这四大基础之上。波音公司的领导层全力推崇质量文化,通过长期的质量文化培育,波音公司员工形成了"第一次的质量"意识,即第一次就把事情做好的习惯,波音公司每一层员工、每一个部门、每一个团队都有着这样的质量追求。

从别人那里接手的工作必须是高质量的,自己完成的工作必须是高质量的,而向客户交付的产品也必须是高质量的。波音公司员工对于其所制造的产品以及所提供的服务感到非常骄傲,这不仅是因为他们制造的战斗机或者是客机遍及全球,而且是因为波音公司员工认为他们的工作做得很好,他们高质量的工作无愧于客户给予的信任。

(二)面向内/外部客户需求,以客户满意为目标

波音公司视客户为最重要的人,他们提出了"不是您依靠我们,而是我们依靠您"、"感谢您成为我们的客户"等标语来传递质量文化,并指出让客户满意的五个基本要素:①质量,提供满足甚至超越内/外部客户期望的产品和服务;②成本,提供客户负担得起的产品和服务;③交付,在合适的时间、地点向客户提供合适的产品与服务;④安全,为客户提供安全的产品与服务;⑤士气,展现企业精神,对产品和服务的质量起到潜移默化的影响。

(三)人人参与管理,领导层与员工沟通良好

波音公司鼓励内部员工参与管理,使员工真正成为工作专家,通过建立质量小组,提出质量改进建议,同时使员工自身得到发展。波音公司领导层支持员工开诚布公地说出那些他们认为不对的事,同时想尽办法与员工间进行良好沟通,这种正确的文化和环境能够为工作提供支持,敦促领导层用尽一切办法把事情做好。把问题说出来并不是一件容易的事,因为这可能会影响进度,或者增加成本。但波音公司认为,如果事关质量,必须有人站出来、说出来。"一次就把事情做好"才能够降低成本,提升公司的绩效和竞争力。

(四)持续改进体系,保证市场竞争力

波音公司的先进质量体系(AQS)也是一种可用于开发及业务流程的过程改进系统,其目标是持续永久的质量改进,通过持续改进,以提高产品质量、提高并保持利润、减少浪费、缩短循环时间、降低成本、超出客户期望、预防缺陷。波音公司建立了持续改进体系并将其文件化,并且为了保证先进质量体系的有效性,波音公司在持续改进体系中纳入了多种要素。波音公司注重过程改进,认为任一过程都会产生一个交付,任一交付都会产生一个过程,这是过程改进的基础。通过描述工作的过程,确保任一过程都是改进的对象,对

关键的过程建立测量系统,在合适的时间开始改进。通过持续的过程改进,保证公司的市场竞争力。

二、质量文化建设启示

除波音公司外,很多国际大型企业也都非常重视质量文化的建设,例如摩托罗拉提出的六西格玛管理,日本企业提倡"全面质量管理、精益生产方式、质量改进团队"的质量管理理论等。尽管质量文化的表述有所不同,但都是为了达到减少成本、提高利润以及让客户满意的目的。在全球化竞争的激烈环境下,我国企业也在努力建设自身的质量文化,努力营造以客户为中心、零缺陷为核心的质量环境。结合波音公司先进的质量文化建设经验,可从以下几个方面努力。

(一)从各个层面构建企业质量文化

企业质量文化需要从多个层面加以构建,潜移默化地影响员工质量意识。在企业的长远决策、具体政策和日常管理中,应当把质量作为企业永恒的研究主题,培育质量决策文化;在技术开发、产品生产、市场销售、利益分配等环节中,以追求完美质量为归宿,培育质量物质文化;在企业思想工作、文化宣传、职工培训等活动中,强化群体质量效益意识,培育质量精神文化;在企业公共关系、内部关系、工作配合关系上,践行"人人为我,我为人人"的服务理念,培育质量服务文化。

(二)坚持"以人为本",培育质量文化主体

波音公司认为员工是公司的核心,员工是影响产品质量最关键的因素,是公司成就伟业的主要贡献者。因此,企业在质量文化建设过程中,应树立"以人为本"的管理理念,关注员工的行为、情感及需求,采用科学有效的管理方法来解决问题。企业管理者要以各种方法激励员工做得更好,并促使他们持续学习,分享观点和知识,不断提升和完善自我,以及在每一层级和所有经营活动上都能够通力合作。在此基础上,企业才能有效地开展群体性质量活动,激发员工的质量意识,形成"人人关心质量"的良好氛围。

(三)建设企业内外部全面质量管理体系

波音公司实施全面质量管理战略,不断探索全面质量管理方法,其先进

质量管理体系作为世界范围内的标杆质量管理模式,已经成为一种不断发展的、可操作性强、切合企业发展需求的全面质量管理方法。因此,企业应抓好自身质量体系的建设,该体系不仅应包括自身的质量保证理念、措施和方法,而且还应配套有系统的标准文件,以及对外部客户和供应商的管理方法等,形成一整套贯穿企业全产业链的质量管理模式。只有不断完善质量体系建设,企业才能找出生产运营中需提高和改进的薄弱过程,以制定切实有效的纠正措施并严格执行,达到强化自我完善机制、加强过程控制和提高质量管理体系运行有效性的目的,以此来推动企业质量文化建设更快更好发展。

(四)以市场竞争为目标,践行"客户第一"的理念

波音公司客户遍布全球,波音全球服务集团、波音金融公司以及早前的航空航天支持部都是以为全球客户提供优质服务为己任;并在企业内部引入波多里奇质量管理准则,准则的一个重要领域就是以客户和市场为中心,包括如何识别客户、判断客户需求、管理客户关系、评估客户满意度等主要内容。因此,企业建设质量文化的一个重要目标就是践行"客户第一"的理念,特别在市场经济条件下,市场竞争的实质是争夺客户的竞争,失去客户就失去了一切。企业需要建立一套完善的客户服务网络,采取多种形式做好客户服务工作,形成完善的以客户为中心的各层级测量方法,坚持对自己的产品与服务负责到底。

参 考 文 献

[1] 彭剑锋.波音——全球整合,集成飞翔[M].北京:机械工业出版社,2013.
[2] 范艳清,曹秀玲.浅谈波音公司质量管理模式[J].装备质量,2009(002):45-52.
[3] Boeing Frontiers. August 2009/Volume Ⅷ, Issue Ⅳ [J/OL]. www.boeing.com/frontiers.
[4] Boeing Frontiers. July 2013/Volume Ⅺ, Issue Ⅲ [J/OL]. www.boeing.com/frontiers.
[5] 袁家均.航天工程精细化质量管理[J].中国工程科学,2011,13(8):36-42.
[6] 李跃生,苗宇涛,范艳清,等.国外航天质量管理.北京:国防工业出版社,2016.
[7] 章玉姣.对AS9100标准的理解和应用[J].质量探索,2011(Z1):34-36.
[8] 胡文娟.卓越绩效模式下F公司的战略体系改进研究[D].西安:西安电子科技大学,2013.
[9] 马林,龚晓明.GB/T 19580—2012《卓越绩效评价准则》的九项基本理念[J].标准科学,2012(5):23-26.
[10] GARRETSON P, HARMON P. How Boeing A&T manages business processes [J]. BPTrends, 2005(11):1-13.
[11] 刘昂徽,张志标,范灵.从波音供应链格局看民机转包生产发展趋势[J].国际航空,2016(3):47-49.
[12] 刘宝红.梦想787:波音在供应链管理模式上的新尝试[J].中国机电工业,2013(1):102-103.
[13] 刘慧.实践的考验——始于波音787项目的民机模块化产业模式变革[J].国际航空,2010(10):64-66.
[14] 陈涛.飞机制造企业供应链管控体系[J].国际航空,2014(3):43-45.
[15] 吉列马.加强供应商管理保障民机产业的国际合作[J].国际航空,2013(6):54-56.
[16] 彭凯,吴达纯,沈烽.从波奖卓越绩效评价准则看美国企业大质量观的演变[J].中国质量,2013(9):90-91.
[17] 王为人,曲扬.走向绩效卓越:美国波多里奇国家质量奖启示录[M].北京:中国计量出版社,2008.
[18] 黄进.国家质量奖概论[M].北京:中国标准出版社,2004.
[19] 田景卫.2015—2016美国波多里奇国家质量见卓越绩效准则框架图的变化[EB/OL].[2018-08-14].https://mm.mbd.baidu.com/7d6sjz3?f=cp.
[20] 波多里奇卓越绩效标准(2015—2016)[EB/OL].[2017-11-24].https://wenku.baidu.com/view/f6a5a08381eb6294dd88d0d233d4b14e84243e59?sfr_fb=0.

[21]李明.从波奖评价准则更新看追求卓越的新挑战和新动力[J].上海质量,2017(2):19-23.

[22]于洪波,朱桂龙,张睿.2017—2018版波多里奇奖卓越绩效准则介绍(一)[J].中国质量,2017(06):40-44.

[23]于洪波,朱桂龙.2017—2018版波多里奇奖卓越绩效准则介绍(三)[J].中国质量,2017(08):44-48.

[24]张睿,于洪波.2017—2018版波多里奇奖卓越绩效准则介绍(四)[J].中国质量,2017(10):51-55.

[25]于洪波,张睿.2017—2018版波多里奇奖卓越绩效准则介绍(五)[J].中国质量,2017(11):58-60.

[26]波多里奇奖卓越绩效标准(中国国家质量奖参考标准).[EB/OL].[2018-05-13].https://wenku.baidu.com/view/972bb28d51e79b8968022674.html.

[27]BLAZEY L M. 洞悉卓越绩效2013—2014:理解综合管理体系及波多里奇准则[M].徐济超,贺金凤,常广庶,等译.北京:中国标准出版社,2015.

[28]National Institute of Standards and Technology (NIST). Baldrige Excellence Framework: A systems approach to improving your organization's performance[EB/OL]. [2018-07-06]. http://www.nist.gov/baldrige/2015-2016-baldrige-excellence-framework.

[29]汤坚玉,万剑锋,刘忠.麦克纳尼的波音10年[J].大飞机,2016(2):78-81.

[30]WEBER J. McNerney's Bumpy Ride at Boeing[J]. Businessweek, 2008(9):74.

[31]他曾惨遭通用电气淘汰,15年后,居然和大大做上生意[EB/OL]. [2017-12-14]. http://www.sohu.com/a/210530494_100075412.

[32]CAHILL J. McNerney lifted Boeing above turbulence[EB/OL]. [2018-06-27]. https://www.chicagobusiness.com/article/20150627/ISSUE10/306279998/mcnerney-made-boeing-profitable-efficien.

[33]波音公司首席执行官麦克纳尼是如何成才的?[EB/OL]. [2017-11-09].http://news.sohu.com/20061109/n246285252.shtml.

[34]Jim McNerney, CEO of Boeing, Named "2015 CEO of the Year" by Chief Executive Magazine [EB/OL]. [2018-07-02] .http://www.prnewswire.com/news-releases/jim-mcnerney-ceo-of-boeing-named-2015-ceo-of-the-year-by-chief-executive-magazine-300107926.html.

[35]彼得·科汉.领航波音[M].贾秉瑜,译.北京:中信出版社,2010.

[36]陈晓华.从波音制造部到服务部,大卫·斯帕恩的波奖传奇如何续写[J].中国质量,2006(12):43-45.

[37]金国强.自评:企业质量改进的有效手段[J].电子质量,2001(4):69-71.

[38]SPONG D. Boeing Airlift & Tanker Programs[J]. Journal of Innovative Management: Winter ,1999:2-5.

[39]蕊冰."世界级卓越企业高层论坛"报道之一"创奖"历程:用行动改变现状——大卫·斯帕恩先生谈两个组织的追求卓越之旅[J].上海质量,2007(3):13-16.

[40]COLLARD D. Journey to Performance Excellence and Lessons Learned [J]. Journal of Innovative Management: Winter, 2005:59-66.

[41]BARKER G, EUGENE M. Barker[EB/OL].[2018-07-13]. https://www.pyzdekinstitute.com/blog/authors/eugene-m-barker.html.

[42]Gene Barker [EB/OL]. [2018-07-11]. https://www.cgcc.edu/gene-barker .

[43]苗宇涛,范艳清,李司晨.波音公司质量管理及可借鉴之处[J].质量与可靠性,2015(2):51-55.

[44]HOWARD E. Chambers [EB/OL].[2018-07-13].http://alumni.utk.edu/s/1341/alumni/interior_alumni.aspx? sid=1341&gid=2&pgid=6846.

[45]PAE P. Boeing receives a major lift from new satellite contract [EB/OL]. [2018-04-28]. http://articles.latimes.com/2007/dec/28/business/fi-boeing28.

[46]Howard Chambers Named Vice President/GM of Boeing Space & Intelligence Systems [EB/OL]. [2018-03-13] .https://boeing.mediaroom.com/2005-09-13-Howard-Chambers-Named-Vice-President-GM-of-Boeing-Space-Intelligence-System.

[47]Network's value holds on battlefield, at work: Jim Albaugh discusses NCO's role at IDS and with its customers [J/OL]. Boeing Frontiers, 2005,4(2): 13-19[2018-04-05].http://www.boeing.com/news/frontiers/archive/2005/june/i_ids2.html.

[48]范艳清,江元英,张仁兴.美欧大型航空航天企业供应商质量管理的经验与启示[J].质量与可靠性,2010(5):49-52.

[49]蔺哲."大质量时代"的企业质量管理模式——卓越绩效[J].企业管理,2006(6):23-24.

[50]张贯一.企业的质量文化[J].郑州经济管理干部学院学报,2001(4):26-29.

[51]艾银生.浅谈大型军工企业的质量文化[J].航空科学技术,2000(5):9-12.